Heinrich Böll:
Der Lorbeer ist immer noch bitter
Literarische Schriften

Deutscher
Taschenbuch
Verlag

dtv

Von Heinrich Böll
sind im Deutschen Taschenbuch Verlag erschienen:
Irisches Tagebuch (1)
Zum Tee bei Dr. Borsig (200)
Als der Krieg ausbrach (339)
Nicht nur zur Weihnachtszeit (350)
Ansichten eines Clowns (400)
Wanderer, kommst du nach Spa ... (437)
Ende einer Dienstfahrt (566)
Aufsätze – Kritiken – Reden (616/617)
Der Zug war pünktlich (818)
Wo warst du, Adam? (856)
Gruppenbild mit Dame (959)
Billard um halbzehn (991)
Die verlorene Ehre der Katharina Blum (1150, 2501)
Schwierigkeiten mit der Brüderlichkeit (1153)
Hierzulande (sr 5311)
Frankfurter Vorlesungen (sr 5368)

Über Heinrich Böll:
Der Schriftsteller Heinrich Böll (530)
In Sachen Böll – Ansichten und Einsichten (730)

1. Auflage Oktober 1974
4. Auflage März 1978: 41. bis 50. Tausend
Deutscher Taschenbuch Verlag GmbH & Co. KG, München
 · ISBN 3-462-00908-7
Auswahl aus: ›Neue politische und literarische Schriften‹
Umschlaggestaltung: Celestino Piatti
Gesamtherstellung: C. H. Beck'sche Buchdruckerei, Nördlingen
Printed in Germany · ISBN 3-423-01023-1

Das Buch

Wenn Heinrich Böll ein Vorwort zum Buch eines Schriftstellerkollegen schreibt, eine Rede hält oder sich in anderer Form zu Fragen der Literatur äußert, darf man sicher sein, daß er das nicht mit halbem Herzen tut. Und von Gefälligkeiten kann schon gar nicht die Rede sein. Bölls kritisch-publizistische Arbeiten sind vom gleichen literarischen und moralischen Anspruch geprägt wie das erzählerische Werk. Kein Wunder, daß sich Böll mit solchen Autoren verbunden fühlt, mit denen er in der Grundhaltung übereinstimmt, mit Dostojewski zum Beispiel, mit Tolstoi oder Solschenizyn, dessen ›Erster Kreis der Hölle‹ von ihm als »›Krieg und Frieden‹ des zwanzigsten Jahrhunderts« gewürdigt wird. Leidensfähigkeit ist für Böll der Maßstab des Humanen. Über Dostojewski sagt er: »Nichts war ihm so verdächtig wie die Gesunden, deren Gegenteil nicht die Kranken sind, sondern die Leidenden.« Und aus einer solchen Haltung heraus legt auch Böll seine Sonde an die literarischen Erscheinungen unserer Zeit.

Der Autor

Heinrich Böll, am 21. Dezember 1917 in Köln geboren, war nach dem Abitur Lehrling im Buchhandel. Im Krieg sechs Jahre Soldat. Danach Studium der Germanistik. Seit 1949 veröffentlichte er Erzählungen, Romane, Hör- und Fernsehspiele, Theaterstücke und ist auch als Übersetzer aus dem Englischen tätig. 1972 erhielt Böll den Nobelpreis für Literatur.

Inhalt

Georg Büchners Gegenwärtigkeit
Rede zum Büchner-Preis
[1967]

Mein Dank ist herzlich, meine Rede nicht ohne Bitterkeit, notwendigerweise, weil der Preis den Namen Georg-Büchner-Preis trägt. Doch zu dem, was da an Bitterkeit aufkommen mag, eine Voraussetzung: Es kommt nicht von oben herab, aus der Besserwisserei des Präzeptors, es kommt nicht von unten herauf, und es kommt noch weniger aus einer Mitte, die in sich selber ruht, am ehesten vom Rand her, jenem unruhigen Rand der Zeitgenossenschaft, der den Genossen *seiner* Zeit, Georg Büchners, in unserer Zeit so gegenwärtig macht.

Es erscheint so leicht, sich Büchners Leben und sein Werk zu greifen. Sein Leben war so kurz, sein Werk, fragmentarisch und genial, umfaßt einen Band, der sich so glatt in die Tasche stecken läßt. Solches bietet sich zu kultischer Vereinfachung an, als idealer Vorwurf für ein Epitaph von poetischer Schmerzlichkeit. Früh vollendet; früh verstorben; Abschied; Abschluß; Ruhe. Doch Büchners Leben und Werk lassen diese Ruhe nicht zu, sie sind so friedhofsfern, machen die schöne, endgültige Plakette unmöglich. Die Unruhe, die Büchner stiftet, ist von überraschender Gegenwärtigkeit, sie ist da, anwesend hier im Saal. Über fünf Geschlechter hinweg springt sie einem entgegen, einen an mit dieser wilden, von Todesahnung gezeichneten Schönheit, mit einer dunklen Glut, die es nur selten in der Geschichte unserer Literatur gegeben hat. Dieses Zupacken, die Sicherheit in der Wahl der Stoffe, dieser menschliche Materialismus in jedem Gegenstand, den er ergriff, und über allem jener Hauch von Unfertigkeit, auch von Ungeduld, der Kunst erst zu solcher macht, der aber nicht künstlich sein darf; in diesem Widerspruch liegt ihre Definition; also: Keine gekünstelte Ungeduld, keine gekünstelte Unfertigkeit, sie sind einfach da, wie jene Menschen, von denen Lena in ›Leonce und Lena‹ spricht: »Ich glaube, es gibt Menschen, die unglücklich sind, unheilbar, bloß, weil sie *sind.*« Seine Kunst lebendig zu nennen, wäre zu biologisch, würde in die Untiefen des Dilettantischen führen, und Büchner war kein Dilettant. Ich gebe ihm das Wort, da wo er in seiner Vorlesung über Schädelnerven nicht als Biologe über lebendiges, als Anatom über präpariertes Material sagt: »– und so wird für die philosophische Methode (die er in Gegensatz zur teleologischen stellt) das ganze körperliche Dasein des Individuums nicht zu seiner eigenen Erhaltung aufgebracht, sondern es wird die Manifestation eines Urgesetzes, eines Gesetzes der Schönheit, das nach den einfachsten Rissen und Linien die höchsten und reinsten Formen hervorbringt. Alles, Form und Stoff, ist für sie an dies Gesetz gebunden.« In dieser Äußerung, die als Motto über Büchners Werk stehen könnte, ist er als Naturwissenschaftler und als Dichter gegenwärtig. Nehme ich eine weitere, nur mündlich überlieferte Äußerung sozialer Natur hinzu: »Es ist keine Kunst, ein ehrlicher Mann zu sein, wenn man täglich Suppe, Gemüse und Fleisch zu essen hat«, und noch eine von dieser grimmen Art des sozialen Realismus aus dem Munde Woyzecks, des ersten und fast schon wieder letzten Arbeiters im deutschen Drama: »Ich glaube, wenn wir in den Himmel kommen, so müssen wir donnern helfen« – da habe ich in einer Person, aus einem Mund zwei Dichter, beide Deutsche, die ein Jahrhundert später einander auszuschließen schienen: Benn und Brecht, beide in Büchner, der immer noch da ist, gegenwärtig.

Es fällt nicht schwer, Büchners politische und ästhetische Gegenwärtigkeit zu sehen. Die Kerker-Torturen des Studenten und Büchnerfreunds Minnigerode mit jenen zwei, auf offener Straße durch amtliche Personen begangenen Morden in Beziehung zu bringen: der Erschießung des Berliner Studenten Ohnesorg und des Bundeswehrsoldaten Corsten, beides ungeheuerliche Fälle öffentlichen Mordes durch die Staatsgewalt. Oder: den ›Hessischen Landboten‹ ins Persische übersetzen, vielleicht gar deutsch als Flugschrift neu mit Kommentar zu verbreiten, nicht in einer Dünndruckklassikerausgabe verpackt, wo ihm die Aura germanistisch-akademischer Behandlung den politischen Stachel nimmt. Die Anspielungen auf den Adel und die Höfe brauchten in dieser Neuausgabe nicht einmal verwandelt, sie müßten nur interpretiert werden. Die große Koalition ist selbstherrlich genug. Sie hat nichts mehr zu fürchten, nicht einmal mehr das kleine Wählerkreuzchen, mit dem wir, wenn wir keine andere Wahl mehr haben, nur noch unseren politischen Analphabetismus ausdrücken dürfen. Für den, der Augen hat zu sehen, gibt es da genug grinsendes Einverständnis und zurechtgegrinste Selbstherrlichkeit, den neuen Feudalismus des kleinen Mannes, der sich in den großen bürokratischen Apparaten zweier machtgewohnter, fast allmächtiger großer Parteien sicherer fühlt, als irgendeine Schranze sich an irgendeinem Hof fühlen konnte. Und für diejenigen, deren Gewissen der Partei geopfert wird, ein kräftiges Zitat aus Büchners ›Dantons Tod‹: »Das Gewissen ist ein Spiegel, vor dem sich ein Affe quält; jeder putzt sich, wie er kann, und geht auf seine eigene Art auf seinen Spaß dabei aus. Das ist der Mühe wert, sich darüber in den Haaren zu liegen.« Es dürfte auch in einer solchen Flugschrift die Beschreibung einer Beerdigung nicht fehlen: jener lähmenden Veranstaltung, die vor einem halben Jahr eine vergangene Ära beendete und Ausdruck für eine neue Ära wurde; fast eine Woche lang hielt sie die Fernsehschirme besetzt; der Aufmarsch in- und ausländischer, europäischer und überseeischer Gesetzgeber und Regierungschefs; zwischen Ritterkreuzträgern und Kardinälen Pulk um Pulk modegerecht gekleideter Gesetzgeber. Das war modern, und es war – für mich jedenfalls – auf eine gespenstige Weise nicht gegenwärtig. Die lähmende Selbstverständlichkeit, mit der diese Beerdigungszeremonie ohne Widerspruch hingenommen wurde; die Mienen, die Kleider, die Autos; moderne Staatsmänner, moderne Prälaten, moderne Politiker und moderne Militärs, die den Kölner Dom besetzt hielten. Was uns nachdenklich machen sollte: daß auch in einer Gesellschaft, die sich doch demokratisch nennt, zwei Stände nicht dem Kleiderzwang unterliegen, zwei Stände, die nicht nur nicht gerade die Demokratie erfunden haben, sondern ihr auch nachweisbar unfreundlich gesonnen sind: der Klerus und das Militär; diese beiden Stände sind immer modern, immer gesellschaftsfähig gekleidet.

Es ist Zeit für ein Büchner-Zitat, aus dem ›Hessischen Landboten‹, geschrieben vierzehn Jahre bevor das Kommunistische Manifest erschien: »Das Gesetz ist das Eigentum einer unbedeutenden Klasse von *Vornehmen* und Gelehrten, die sich durch ihr eigenes Machwerk die Herrschaft zuspricht. Diese Gerechtigkeit ist nur ein Mittel, euch in Ordnung zu halten, damit man euch bequemer schinde; sie spricht nach Gesetzen, die ihr nicht versteht, nach Grundsätzen, von denen ihr nichts wißt, Urteile, von denen ihr nichts begreift.«

Was uns außerdem nachdenklich machen sollte: alle, wir und auch die Vertreter der europäischen Staaten, die von den Deutschen dezimiert worden sind, nahmen die modische Variante hin: man trägt wieder Ritterkreuz, und zwar ein modernisiertes, frisiertes, demokratisiertes, aus dem man die Häkchen herausgekratzt hat; Kreuze sind's ja ohnehin, und Kreuze sind – in

Kunst und Gesellschaft – modern; vielleicht würde die bessere modische Variante lauten: man trägt immer noch Kreuz; für die Kreuzigung von Völkern wurden Kreuze als Auszeichnung verliehen. Wenn das in seiner Absurdität nicht modern ist, wie diese ganze, über Tage sich hinziehende furchterregende Zeremonie modern, gemacht, gekonnt gemacht war und doch auf eine gespenstische Weise nicht *da*, erst durch die ungeheure Multiplikation auf dem Bildschirm wurde sie aus abendländischer *fiction* gekonntester Art, aus Theater und Arrangement, zu Wirklichkeit. Kein weiterer Kommentar, nur wieder ein Anlaß, dem zwanzigjährigen Büchner das Wort zu geben, da wo er an seine Braut schreibt: »Ich fühle mich zernichtet unter dem gräßlichen Fatalismus der Geschichte. Ich finde in der Menschennatur eine entsetzliche Gleichheit, in den menschlichen Verhältnissen eine unabwendbare Gewalt, allen und keinem verliehen. Der einzelne nur Schaum auf der Welle, die Größe bloßer Zufall, die Herrschaft des Genies ein Puppenspiel, ein lächerliches Ringen gegen ein ehernes Gesetz, es zu erkennen das Höchste, es zu beherrschen unmöglich. Es fällt mir nicht mehr ein, vor den Paradegäulen und Eckstehern der Geschichte mich zu bücken.«

Ich wünschte mir in diesen neuen ›Hessischen Landboten‹ hinein eine genaue Analyse der Tatsache, daß hierzulande auf Grund eines mysteriösen Protokolls staatsbesuchende Demokraten und Sozialisten mit mühsamem, gekrönte Häupter und Fürstlichkeiten mit überwältigendem Charme empfangen werden. Wer will sich da wundern, wenn Studenten, denen ein neues Bewußtsein zuwächst, diesem Protokoll auf die einzig mögliche Weise zuwiderhandeln: durch Unruhe und eindeutig formulierte Ablehnung. Wie sollten sie zu einer Höflichkeit verpflichtet sein, die dieses mysteriöse Protokoll ihnen durch Polizeigewalt aufzwingen möchte? In diesem Land scheitert ohnehin das meiste nicht an sachlichen, sondern an Protokollfragen. Schon in dem schlichten Vermerk auf Einladungen »Dunkler Anzug« oder »Straßenanzug« liegt ja ein massiver Druck. Wer sagt mir schon, was dunkel ist, und was ziehe ich auf der Straße an? Massive Drohungen gar wie »Smoking« sollten wir vielleicht nicht einmal der Ironie würdigen. Wer verfügt da über uns, wer verfährt da mit uns, wer gibt uns ungeschriebene Gesetze? Wer wundert sich da, daß der Widerspruch der Jugend sich auch in Kleidung und Haarwuchs ausdrückt. Wie anders als durch Unruhen, eindeutig formulierten Widerspruch, in Kleidung und

Haarwuchs sollen sie sich Ausdruck verschaffen, da ihnen das Wählerkreuzchen, mit dem Verantwortung delegiert wird und das keine andere Wahl mehr läßt, nicht genügen kann. Ich zitiere den zwanzigjährigen Büchner aus einem Brief an seine Familie: »Meine Meinung ist die: Wenn in unserer Zeit etwas helfen soll, so ist es Gewalt. Wir wissen, was wir von unseren Fürsten zu erwarten haben. Alles, was sie bewilligten, wurde ihnen durch die Notwendigkeit abgezwungen ... Man wirft den jungen Leuten den Gebrauch der Gewalt vor. Sind wir denn aber nicht in einem ewigen Gewaltzustand?«

Ich kann mich nicht entschließen, Büchners ästhetische Gegenwärtigkeit von seiner politischen zu trennen. Es wäre da eine von der Geschichte versäumte Begegnung zweier Deutscher zu beklagen. Die Begegnung zwischen Büchner und dem wenige Jahre jüngeren Marx. Die kraftvolle, so volkstümliche wie materialgerechte Sprache des ›Hessischen Landboten‹ ist zweifellos eine ebenso wirkungsvolle politische Schrift wie das ›Kommunistische Manifest‹; Büchners traumhafte Sicherheit in der Erkenntnis und Darstellung sozialer Realitäten geht vom ›Landboten‹ ohne Bruch in seine Dramen, seine Prosa, seine Briefe ein, und in dieser traumhaften Sicherheit bei der Erkenntnis sozialer Realitäten beim Dichter, Naturwissenschaftler und politischen Schriftsteller Büchner hätte die Chance gelegen, viele marxistische Irrtümer und Umwege, die Literatur betreffend, zu vermeiden und die Leiden zukünftiger marxistischer Schriftsteller zu verringern. Vielleicht ließe sich diese von der Geschichte versäumte Begegnung posthum vollziehen: die idealistische Ästhetik des praktizierten Marxismus unserer Tage mit der Materialgerechtigkeit Büchners zu konfrontieren, der immerhin ein Zeitgenosse von Marx war und kein schlechter Kampfgenosse für ihn gewesen wäre. In Büchners Werk und allem, was er darüber äußert, herrscht nicht Prüderie und nicht deren Gegenteil, sondern eben der Wunsch nach Materialgerechtigkeit. Über ›Dantons Tod‹ schreibt er an die offenbar erschrockene Familie: »... aber die Geschichte ist vom lieben Herrgott nicht zu einer Lektüre für junge Frauenzimmer geschaffen worden, und da ist es mir auch nicht übel zu nehmen, wenn mein Drama ebensowenig dazu geeignet ist. Ich kann doch aus einem Danton und den Banditen der Revolution nicht Tugendhelden machen ... Man könnte mir nun noch vorwerfen, daß ich einen solchen Stoff gewählt hätte. Aber der Einwurf ist längst widerlegt. Wollte man ihn gelten lassen, so müßten die größten Meisterwerke der Poesie verworfen werden. Der Dichter ist kein Lehrer der Moral, er erfindet und schafft Gestalten, er macht vergangene Zeiten wieder aufleben... Wenn man *so* wollte, dürfte man keine Geschichte studieren, weil sehr viele unmoralische Dinge darin erzählt werden, müßte mit verbundenen Augen über die Gasse gehen, weil man sonst Unanständigkeiten sehen könnte, und müßte über einen Gott Zeter schreien, der eine Welt erschaffen, worauf soviel Liederlichkeiten vorfallen. Wenn man mir übrigens noch sagen wollte, der Dichter müsse die Welt nicht zeigen, wie sie ist, sondern wie sie sein solle, so antworte ich, daß ich es nicht besser machen will als der liebe Gott, der die Welt gewiß gemacht hat, wie sie sein soll.«

Der Name Georg Büchner, meine Damen und Herren, verpflichtet mich, meinen Dank auf diese Weise auszudrücken, vom unruhigen Rand der Zeitgenossenschaft, von einem Standpunkt aus, wo Sicherheit bröckelig wird, Selbstsicherheit unmöglich; von wo aus das Kritische als Ärgernis mißverständlich klingen mag; so, als enthielte es nicht das Angebot, sich selbst mit einzubeziehen. Es gibt da noch einige Gegenwärtigkeiten in Büchners Leben und Werk: das Problem der Emigration, das aus seinem Briefwechsel mit Freunden und Familie, vor allem mit Gutzkow, darstellbar wäre; die ärztliche Gegenwärtigkeit Büchners, wie sie sich im ›Woyzeck‹ ausdrückt und die nicht geringer ist als jede seiner anderen.

Wäre ich nur andeutungsweise Büchner oder Danton, so wäre Ihnen diese Rede erspart geblieben. Immerhin sagt Lacroix über Danton: »Nichts als Faulheit. Er will sich lieber guillotinieren lassen als eine Rede halten.« Und in einem Brief an Wilhelm Büchner schreibt Büchner: »Ich bin ganz vergnügt, in mir selbst ausgenommen, wenn wir Landregen oder Nordwestwind haben, wo ich freilich einer von denjenigen werde, die abends vor dem Bettgehn, wenn sie den einen Strumpf vom Fuß haben, imstande sind, sich an ihre Stubentür zu hängen, weil es ihnen der Mühe zuviel ist, den andern ebenfalls auszuziehen«, und damit würde über die Faulheit, zu der Büchner offensichtlich in Verhältnis gestanden hat, ein großes Feld betreten: sein Humor; der konnte so grimmig wie zart sein und gewiß noch vorhanden, selbst wenn er ihn verlor, wie es wahrscheinlich der Fall war, als er in Zürich den Brief seines elsässischen Freundes Boeckel empfing, in dem eine Passage beginnt: »In Teuschland befinde ich mich sehr wohl; es ist nicht halb so schlimm, wie Du glaubst...«

Vorwort zur ›Krebsstation‹ [1968]

Die Suche nach einem neuen Realismus, wie sie sich in der Bundesrepublik um die Gruppe 61, um die Zeitschrift ›Kürbiskern‹, um verschiedene kleine Verlage und die »Kölner Schule« bildet, kommt nicht von ungefähr; immer noch hat unsere Literatur die Arbeitswelt nicht entdeckt, schon gar nicht die Welt der Arbeiter. Die Kriegsliteratur hat immerhin den Arbeiter in einer Entfremdung dargestellt: als Soldat. Wie heikel die Annäherung der Literatur bei uns an die Welt des Arbeiters ist, hat sich anläßlich der schnöden Diskussionen um Max von der Grün gezeigt, der plötzlich zwischen die beiden Blöcke geriet, die sich als *interessiert* an Darstellungen der Arbeitswelt zeigen: zwischen Gewerkschaft und Industrie, und als dritten Block könnte man die nehmen, die ihre eigene Welt lieber entfremdet, was man auch *überhöht* nennen kann, dargestellt wissen wollen: die, die in ihr leben. Jahrzehntelang hat man im Westen (ich schließ' mich in dieses »man« ein) den sozialistischen Realismus mit sanftem Spott bedacht. Die Rache hat schon angefangen, sie wird weitergehen. Was inzwischen an Autoren, Regisseuren, Grafikern aus Polen, der Tschechoslowakei, Jugoslawien und der Sowjetunion hierzulande begehrt ist, scheint zu beweisen, daß der sozialistische Realismus – und wenn auch nur als verhaßter dogmatischer Gegenpol – die Autoren dort, wo er regierte, weder entmündigt noch entmannt hat. Einzig verwerflich erscheint am sozialistischen Realismus heute nur noch der ihm aufgezwungene doktrinär-dogmatische Optimismus, der nicht nur in etwa, sondern fast buchstäblich jenem Schrei nach der heilen Welt entspricht, der bei uns noch lange nicht verklungen ist. Und doch ist der Schrei nach der heilen Welt, nach christlicher Kunst und Literatur nur der verwandelte Wunsch nach dem griechischen Deus ex machina, der alle Probleme spielend und automatisch löst. In der christlichen Literatur nach Maß nahm dann (etwa bei Claudel) die Gnade die Rolle des Deus ex machina ein und wirkte meistens nur peinlich, so peinlich wie der zur Pflicht erklärte Schlußoptimismus beim sozialistischen Realismus administrierter Prägung. Der Westen, der sich unbeirrt weiter als »christlich« deklariert, wird seine Pleite nicht nur noch erleben, auch (was wichtiger ist) bald erkennen und zugeben müssen. Erst seit einer halben Generation hat er die Zeit seiner braven christlichen Literatur hinter sich, und es könnte sehr bald die Zeit kommen, wo man etwa Grass als großen »Abendländer« einzufangen versuchen wird.

Wahrscheinlich wird sich die Entwicklung von Kunst und Literatur in der Welt umkehren: der Westen wird seiner »formalistischen« Spiele müde werden und einen neuen Realismus suchen. Pop, Op und Happening sind Zwischenstationen, auf denen die ganze westliche Ästhetik, deren Wunschtraum immer noch das griechische Ideal war, auf den Kopf gestellt wird; und das ist gut so: Zersetzung ist erste Künstler- und Schriftstellerpflicht. Der Osten wird die »formalistischen« Spielereien alle hinter sich bringen müssen, nichts wird ihm erspart bleiben (ein Künstler oder Schriftsteller, dem etwas erspart bleibt oder der sich etwas erspart, ist keiner), und er wird doch zu seiner großen, seiner wunderbar langatmigen realistischen Tradition zurückkehren. Es wird – hier wie dort – noch viel Hin-und-Her-Geplänkel geben. Jeder, jeder Staatsmann verlangt im Grunde seines Herzens nach der »heilen«, seine Politik bestätigenden Literatur, mag sie nun christlich-abendländisch-gnadegeladen sein oder sozialistischer Realismus, der getrost kritisch bleiben darf, wenn er sich nur zum Ende hin zum Guten aufschwingt.

Solschenizyns ›Krebsstation‹ könnte zu einem Bindeglied zwischen dem alten und einem erneuerten sozialistischen Realismus, könnte zum Vorbild für die im großen ganzen etwas kläglichen Versuche des neuen Realismus hier werden. Das Ärgernis, das manche westliche Autoren (und bald gewiß auch östliche) am Weiterleben des Romans nehmen, besteht ja nur im Mißverständnis ihrer eigenen Lage und Möglichkeit: daß sie Gedichte in Prosa schreiben, eine großartig-kurzatmige Poesie der Situation.

Bei der Lektüre der ›Krebsstation‹ darf kein Augenblick lang vergessen werden, daß der Roman ins Jahr 1955 placiert ist; zwei Jahre nach Stalins Tod, als die Zeit der Rehabilitierung, die Zeit der großen Hoffnung begann. Die beiden Hauptpersonen, gegeneinander gestellt, sind Rusanow und Kostoglotow. Der erstere ein per Natur und per Charakter opportunistischer Funktionär, Fragebogen- und Verhörspezialist, Denunziant auch, Privilegierter, der sich plötzlich – aus Not, da die Zeit drängt und der Weg nach Moskau weit ist – in ein ganz gewöhnliches Proleten-Krebskrankenhaus versetzt sieht. Was er weinerlich vermißt? Etwa seine Privattoilette (»Wenn ich wenigstens eine

Einzeltoilette benutzen könnte! Ich leide! Was für eine Toilette das hier ist! Keine Trennwände, alles ist offen!«). Und als Anmerkung an dieses Gejammere in Klammern die Notiz des Autors: »Die Benutzung eines öffentliches Bades und einer öffentlichen Toilette untergräbt unweigerlich die Autorität eines Funktionärs. An seinem Arbeitsplatz stand Rusanow eine Toilette zur Verfügung, die der Allgemeinheit nicht zugänglich war.« Schlimmer noch jammert er, der an einer Krebsgeschwulst leidet und gleichzeitig eine gesellschaftliche Krebsgeschwulst *ist*: »In jener herrlichen, anständigen Zeit, den Jahren 1937–38, war die gesellschaftliche Atmosphäre endlich einmal von allem Schmutz gereinigt, damals konnte man frei atmen. Alle Lügner, Verleumder, Anhänger der eilfertigen Selbstkritik oder superklugen Intellektuellen waren verschwunden, zum Schweigen gebracht, und prinzipientreue, zuverlässige Staatsbürger wie Rusanow gingen würdevoll mit erhobenem Kopf einher.« Es ist gewiß kein Zufall, daß am Schluß des Romans Rusanows Tochter Alla, eine angehende Schriftstellerin, von der man ahnt, daß sie reüssieren wird, sagt: »Depressionen steigern die schädliche Wirkung eines Buches. Aufrichtigkeit ist *schädlich*. Subjektive Aufrichtigkeit kann unter Umständen im Gegensatz zur wahrheitsgetreuen Schilderung des Lebens stehen – können Sie eine solche Dialektik verstehen?« sagte sie zu Djomka, dem Bettnachbarn ihres zum Proletpatienten erniedrigten Vaters. Und es ist denn auch diese frische, energische, siegessichere junge Alla, der Solschenizyn ironischerweise das Schlußwort des Romans gibt. Ihrem von Krebsgeschwulst und krebsartigen Angstträumen geplagten Vater, den die mögliche Heimkehr der von ihm Denunzierten aus den Lagern beunruhigt, sagt sie (das ist der allerletzte Satz des Buches): ». . . mach dir *gar keine Sorgen*, *alles*, *alles* wird ausgezeichnet.«

Kostoglotow, der auf ewig nach Usch-Terek, einem entlegenen Kaff, Verbannte, erinnert sich merkwürdigerweise voll Freundlichkeit seiner Verbannung, an das befreundete Ärzteehepaar Kadmin, deren Hunde und Katzen; er meditiert (worüber zu meditieren sich wahrscheinlich lohnt): über die Relativität von Luxus und Konsum. Auf seine, Kostoglotows Heimkehr wartet wahrscheinlich irgendein anderer »Rusanow«, der ihn seinerzeit denunzierte, um die Welt »heil« zu halten.

Das Personal des Romans ist zahlreich: Ärzte, Ärztinnen, Krankenschwestern, Putzfrauen, Besucher; erstaunlich ist, was der Roman an Mitteilung über die Sorgfalt der ärztlichen Behandlung in der Sowjetunion – und das im Jahre 1955 – enthält. Es ist ein Buch voller Bitterkeit, auch Heiterkeit, und was ich nicht zu begreifen vermag: daß es in der Sowjetunion nicht erscheinen soll oder darf. Daß es wirklich die Krebskrankheit auf dieser Erde gibt, diese Erkenntnis dürfte auch den heftigsten Befürwortern einer »besseren Zukunft« keine Schwierigkeiten mehr machen, und daß es gesellschaftliche Krebsgeschwulste gibt, die nicht Schriftsteller sind, sondern die »Rusanows«, eine solche Erkenntnis könnte den sozialistischen Realismus nur befreien und seine Literatur so »konkurrenzfähig« machen wie es Solschenizyns Roman ist. Der Roman zeigt auch in seinen unzähligen Gesprächen den ungeheuren Wissensdurst des Sowjetmenschen, der liest und liest und gesprächig ist bis zur Redseligkeit.

Wird Krebs nicht auch durch Zersetzung bekämpft?

»Weh is' mir«
Über Bernard Malamuds Roman ›Der Fixer‹
[1968]

Auf den ersten Blick wirkt die Fabel einfach: Jakow Bok zieht aus seinem »Stedtl« – das klingt wie eine bittere Variation aufs »Muß i denn, muß i denn« – nach Kiew; dort möchte er jenes erbarmungswürdig minimale Glück finden, das darin besteht, durch seiner Hände Arbeit als »Fixer«, eine Art »Handwerksmann für alles«, seinen Lebensunterhalt, noch lieber: das Geld für die Emigration zu verdienen.

Er vergeht sich gegen zaristische Polizeivorschriften, nimmt Arbeit unter falschen Namen an, zieht in einen für arme Juden verbotenen Stadtteil. Er ist fleißig, geschickt, zuverlässig und nahe daran zu vergessen, daß er für die Polizei immer noch ist, als was er sich gar nicht empfindet: Jude. Da er sich gegen Vorschriften vergangen hat, wird er zum idealen Sündenbock, dem man ein Verbrechen anhängen kann, das nicht nur er nicht begangen hat, das gar nicht begangen worden ist: Ritualmord.

Jakow Bok gerät in die finsterste aller Schlangengruben, in die ein Jude Anfang dieses Jahrhunderts geraten konnte, in die antisemitische Justizmaschinerie des zaristischen Rußland. Torturen, Demütigungen, Lockspitzel, Hunger, Dreck, Ungeziefer; fast zwei Jahre lang hält dieser »kleine Mann« das alles durch, ohne nachzugeben, ohne dieser korrupten, frömmlerisch triefenden Maschinerie etwas anders als sein »Ich bin unschuldig« anzubieten.

Man versucht ihn zu verlocken, zu bestechen – vergebens. Der einzige, der ihm beizustehen gedenkt, der Untersuchungsrichter Bibikow, erhängte sich im Gefängnis: man läßt Boks Zellentür für eine Weile offen, auf daß er das Ende seiner Hoffnungen so recht mit eigenen Augen erblicken kann.

In einem visionären Schluß verläßt er das Gefängnis, hat einen visionären Dialog mit dem traurigsten aller traurigen Zaren, der kein Blut sehen kann, weil sein Sohn Bluter ist, und der doch die blutigste Justizmaschinerie seiner Zeit betreibt. Bok erschießt den traurigsten aller traurigen kleinen Zaren. Happy-End.

Auf den zweiten Blick erst wird sichtbar, was dieser Jakow Schepsowitsch Bok sonst noch alles tut und was ihm angetan wird. Schon der ukrainische Fährmann, der ihn auf dem Weg nach Kiew über den Dnjepr setzt, speit die wüstesten Antisemitismen nur so aus sich heraus – und handelt doch an Bok, dem er seinen alten Klepper gegen einen Rubel als Fährlohn abhandelt, »typisch jüdisch«.

Boks zweite Dummheit: Er handelt menschlich an einem Mitglied der militant antisemitischen »Schwarzen Hundert«; er zieht den frommen, vom Wein wie von seiner Melancholie so trunkenen Lebedew aus der Gosse. Zur Belohnung darf er gegen gutes Geld – unter falschem Namen – eine Wohnung für Lebedew instand setzen; Bok wird so unjüdisch, daß er dem Glück zu trauen beginnt.

Weitere Dummheiten: Er deckt Unregelmäßigkeiten nicht nur auf, versucht auch noch, sie zu verhindern. Er vertreibt Unfug treibende Jungen vom Grundstück, darunter den Jungen, der später ermordet aufgefunden wird; er nimmt in seine Behausung einen Chossid auf, den jene Jungen mit Steinwürfen verletzt haben, pflegt den Chossid gesund, bringt ihn auf den Weg, liefert der Polizei durch seine Barmherzigkeit das »eigentliche« Beweismaterial, blutige Lappen in seiner Behausung. Alles, alles wird gegen ihn verwendet; mißglücktes Brot, das er gebacken hat, ißt er als Zwieback, und so findet man bei ihm, was gefunden werden mußte: Matzen und Blut.

Im Gefängnis besucht ihn seine Frau Raisl, die ihn verließ, *ihm* keine Kinder gebar, nun von einem anderen eins hat und Jakow bittet, dies Kind zu legitimieren. Er tut's. Er unterschreibt. Boks Vergehen sind seine Menschlichkeiten.

Das Neue an diesem erstaunlichen Roman ist: Er hat einen historischen Stoff zum Gegenstand und wirkt nicht einen Augenblick lang historisch. Nicht Einfall und Einfälle machen ihn zu einem großen Roman. Es ist der Stil und die Architektur. Die Übersetzung von Herta Haas entspricht beiden. Eine trockene Prosa, die mit unerbittlicher Sicherheit ihren Gegenstand festhält, keinen Fehltritt tut, auch da nicht, wo sie die banale Menschlichkeit ihres Helden liefert, seinen kindlichen Bildungshunger, seine ganz und gar unsentimentale Einschätzung der Liebe, seine Freude an ein paar redlich verdienten Rubelchen, an Büchern und Erdbeermarmelade.

Diese Prosa ist derb, wo sie derb sein muß, zart, wo sie zart sein muß; sie wird gehalten und zusammengehalten durch etwas, das hierzulande allzu leicht den Anschein von Optimismus erweckt, während es in Wahrheit das Lebenselixier der Pessimisten ist: durch bitteren Humor.

Malamud hat schon in früheren Publikationen, die hierzulande allzu nebensächlich abgetan worden sind, bewiesen, daß er die Zusammensetzung von Humor kennt: Blut, Galle, Speichel, Sperma, Schweiß, Tränen und was weiter der Mensch so an »Flüssigkeiten« in sich birgt und produziert. Diese, die einzig zulässige Art Humor, hält die gewaltige und düstere Architektur des Romans zusammen, und sie ist Sprache geworden, nicht Idee geblieben.

Schmuel möchte seinen Schwiegersohn Jakow dem jüdischen Glauben erhalten: »Jakow, vergiß nicht deinen Gott!« Und Jakow repliziert in unverbesserlich trockener Bitterkeit: »Wer vergißt da wen?«

Absurd ist Boks Existenz, der sich nicht als Jude fühlt und die ganze Last des jüdischen Schicksals aufgebürdet bekommt. Er, dessen »Nase manchmal jüdisch aussah, manchmal auch nicht«, den der Fährmann für einen »gottverdammten Polen« hält »oder vielleicht« für einen »mutterschänderischen Juden«, der aber »eher wie ein Deutscher aussieht«, woraufhin sich der verschreckte Bok schüchtern als »Lette« bezeichnet.

»Um Millionär zu werden«, würde er »sein letztes Hemd verkaufen«, weil wohlhabende Juden auch außerhalb des Ansiedlungsgebietes wohnen dürfen.

Widerwillig beginnt er im Gefängnis mit der Lektüre des Neuen Testaments, das ihm ein Wärter leiht; mit zunehmender Anteilnahme erkennt er in der Verlassenheit der Passion seine eigene, begreift nicht, daß die christliche Religion einen solchen Judenhaß hervorbringen konnte.

Malamud erlaubt seinem Helden Jakow Bok keinen Schnitzer. Nicht einmal in der finstersten Finsternis des Gefängnisses wird ihm erlaubt, was durchaus »verzeihlich« wäre: auch nur Ansätze von Sentimentalität. Der Ruf »Weh is' mir« erklingt gleich am Anfang des Romans. Er erklingt oft in Malamuds Werken. Von Pleite bedrohte kleine Händler in New York stoßen ihn aus, jüdische Kleinbürger aller Art, die plötzlich merken, daß dem Glück letzten Endes doch nicht zu trauen ist.

Es ist der alte Schreckensruf osteuropäischer Juden, aus der Alten mit in die Neue Welt genommen.

Juden werden verfolgt, weil sie reich sind und weil sie arm sind; weil sie bürgerlich sind und weil sie unbürgerlich sind; sie werden verfolgt, weil sie Humor haben und weil sie humorlos sind; weil sie schmutzig sind; besonders verdächtig sind sie, wenn sie sauber sind, weil sie schmutzig zu sein haben; weil sie jüdische Nasen haben; noch schlimmer werden sie verfolgt, wenn sie keine jüdischen Nasen haben, und Jakow Bok ist ein ganz besonders Schlimmer, weil er manchmal eine jüdische Nase hat, manchmal nicht.

Er ist ein Ungeheuer, weil er ein Mensch ist: ein »gottverdammter Pole«, ein »mutterschänderischer Jude«, der aber »eher wie ein Deutscher aussieht« ...

Es ist absurd. Absurdität ist das Thema dieses großen Romans, der keinen Augenblick lang seinen Gegenstand losläßt.

Es ist keine »littérature noire«, es ist littérature humaine. Daß dem kleinen Glück nicht zu trauen ist, das darin besteht, ein paar Rubelchen zu verdienen, Mehl, Bücher, Erdbeermarmelade zu kaufen; daß diesem Glück sowenig zu trauen ist wie dem großen Glück – worin immer es bestehen mag –, das sollte nicht als bedrückend gelten, sondern als selbstverständliche Mitteilung großer Literatur.

Über die Gegenstände der Kunst

Ansprache zur Preisverleihung des Literaturpreises der Stadt Köln an Jürgen Becker am 26. 10. 1968 im Gürzenich

Nun sind wir also wieder einmal in diesem schönen Gebäude versammelt, in dem sich Bürgerlichkeit schon so manches Mal mit mehr oder weniger Grazie selbst gefeiert hat. Ich will versuchen, mit soviel Grazie, wie ich aufbringen kann, hier ein paar Gegenstände zu feiern oder vorzunehmen.

Ich erinnere mich eines Kriegsabends, an dem ich eilig auf dem Weg zum Bahnhof über den Quatermarkt ging und dieses schöne Gebäude hier lichterloh brennen sah. Auf der Straße stand ein Mensch in Offiziersuniform und malte dieses brennende Gebäude. Als eilig Vorübergehender sah ich auf der Leinwand viel Rot für Flammen, sah Grau für Gürzenichgemäuer, Schwarz für Qualm. Ich erwähne diese Anekdote nicht, um hier Bruchstücke einer Autobiographie anzubringen, auch nicht, um dieses so hübsch bürgerlich und geschmackvoll hergerichtete Gebäude mit seiner brandigen Vergangenheit zu konfrontieren und ein mahnerisches »Vergeßt nicht!« einzuflechten. Ich erwähne es, um an Ort und Stelle durch ein auf Ort und Stelle bezogenes Exempel auf meine Gegenstände zu kommen. Ein Maler vor dem brennenden Gürzenich mit Staffelei und Leinwand, Palette und Pinsel mit der nur allzu bekannten Malergeste haltend – diesen Anblick empfand ich als ziemlich peinlich: der Künstler an der Front der Wirklichkeit. Ich empfand den Vorgang auch als ungerecht, ungerecht gegenüber der intendierten Kunst und der Wirklichkeit. Außerdem empfand ich diesen Vorgang als unhöflich gegenüber beiden.

Das Problem, das uns alle quält – die jungen Künstler und Autoren, die hier geehrt werden, ebenso wie mich – ist das Problem der Verwandlung von Gegenständen in Material und die Rückverwandlung dieses Materials in eine gegenstands- und materialgerechte neue Wirklichkeit. Sprachgegenstände, Objekte also sind es auch, die sich den Schriftstellern zur Materialisierung anbieten. Jeder Maler, Bildhauer, Komponist steht vor dem gleichen Problem, nur ist die Sprache voller besonders heikler Objekte, und ihre Materialisierung, die doppelte Verwandlung, die ihr angetan werden muß, auf eine extreme Weise durch Vorstellungskonvention, durch Moral, Politik, Geschichte, Religion belastet, durch mißverstandene und mißgeleitete Ideale, wie sie so auf der Interpretationspalette bereitliegen. Ich denke mir, daß für einen Maler das Problem darin bestehen könnte, Licht, das ja die Summe aller Farben ist, diesen unfaßbaren Gegenstand Licht, zu materialisieren, und daß er diesen Fluch, Kunst zu produzieren, satt bekommt und sich mit einer Taschenlampe vor die rohe Leinwand stellt und dem Beschauer Licht als die Summe aller Farben per Batterie liefert. Der doppelte Fluch besteht nur darin, daß es ihm wenig nützt oder hilft, wenn er da allein in seinem Atelier steht und seine Leinwand anstrahlt. Er muß sich und sein Werk exponieren, und da erlahmt ihm rasch die Hand; und liefert er das Licht via Schalter – selbst ein sehr entgegenkommender Museumsdirektor oder Galeriebesitzer läßt schon aus Sicherheits- und Versicherungsgründen nachts das Licht ausschalten – und der einfallsreiche Maler, der da mit seiner ausgeknipsten Taschenlampe, die seiner Leinwand die Kunst liefert, nach Hause geht, er kommt mir ziemlich sentimental vor mit seinem ungenutzten Gegenstand Lampe in der Hand und weil er Feierabend macht. Feierabend gibt's nicht, den gibt es – oh dreimal verflucht – nur für die, die es sich erlauben können, eine Sache schön oder unschön zu finden oder von der Blume in ihrem Knopfloch das Blättchen »Gefällt« oder »Gefällt nicht« abzuzupfen. Das Dilemma liegt ja darin, daß wir gleichzeitig keine Gesellschaft wollen, sie verachten und sie doch suchen. Ich mache da keinen Unterschied zwischen dem Taschenlampenmaler, zwischen der signierten Konservenbüchse und einem Aquarell von Nolde. Wenn einer die Kunst für tot erklärt und sie gleichzeitig mit exponierten, ausgewählten, arrangierten Gegenständen konfrontiert, so gebärden diese sich eben doch auf eine peinlich pathetische Weise als Kunst. Gegenstände, ihrer Nutzung entzogen, werden unweigerlich sentimental und verlogen, wenn sie nicht zu Material werden und als solches dann wieder exponiert und arrangiert, was bedeutet: verwandelt werden. Auch Sprachgegenstände werden nicht authentischer, wenn einer ihre Erlebnishaftigkeit schon für Gegenständlichkeit hält und diese Gegenständlichkeit dann auch schon für Material. Sprechen wir das Wort Literatur wenigstens für diese wenigen Minuten nicht aus, nicht aus Bescheidenheit: aus Hochmut, um uns für diese kurze Weile den unausrottbaren Mißverständnissen zu entziehen, die zwischen denen herrschen, die etwas zu Papier bringen, und denen, die das zu Papier Gebrachte glauben unter- und einbringen zu müssen. Ich begebe mich auch hin und wieder unter die Unter- und Einbringer, was bedeutet: auch ich mache manchmal Annäherungsversuche, die mehr oder weniger mißglücken. Auch das möchte ich hier vergessen.

Wieviel weiter bringen uns die Antikunst und die Antiliteratur, wenn auch sie konsumabel, exponabel werden, ihren Marktwert diktiert bekommen und von den Ein- und Unterbringern gar ihren Rang? Ihr Ernst und ihr Unernst, ihre Armut und ihre Einsamkeit geraten in die alte, seit langem bereitgestellte Sackgasse: die Gesellschaft zu verachten und sie doch zu suchen, und sie verfallen der uralten Täuschung, ausgerechnet *sie* wären in die *richtige* Gesellschaft geraten.

Das Peinliche an dem brennenden Gürzenich war, daß er noch brannte und nicht schon abgebrannt war. Flammen sind zu lebendig, als daß sie sich in ihrer Natur zur doppelten Verwandlung in Gegenstand und Material eigneten; deshalb hielt ich das heroische Ausharren des Künstlers an der Front der Wirklichkeit für verlorene Zeit. Es genügt, vorüberzugehen. Interessant ist das Verbrannte, das Ausgeglühte, ist die Asche, auch die Asche der Erinnerung und die Asche der Zukunft; es gibt keine Gegenwart: was ich eine Zeile vorher gesagt habe, ist schon vergangen, Erinnerung. Das einzige, das gegenwärtig zu bleiben versucht, einen Fetzen Dauer zu schnappen versucht, ist die Kunst, die aus der Asche, aus der Handvoll Staub oder Dreck etwas macht. Was wir treiben, ist also die nackte Blasphemie, wir leben im permanenten Zustand des Frevels, weil wir nicht Leben brauchen für das, was wir machen, sondern Leben selber machen, und weil wir die einzigen sind, die Gegenwart schaffen. Die Gesellschaft nimmt ahnungslos an diesen sehr unterschiedlichen und verschiedenen Arten unseres Frevels teil. Manchmal ist sie beleidigt, aber immer aus dem falschen Grund: wenn uns die Vergegenständlichung und die Materialisierung, wenn uns die doppelte Verwandlung hin und wieder gelungen ist, glaubt sie, sich selbst zu entdecken, schreit ein bißchen auf und verlangt die Züchtigung des Frevlers. Daß jegliches Machen von Gegenwart, jeglicher Versuch zu dauern – und einige Jahre sind schon eine unendliche Dauer, bedenkt man, wieviel Geschichte, Politik, Tradition, Religion im Laufe einiger Jahre spurlos im Orkus verschwinden – daß jeglicher Versuch als solcher frevelhaft ist, das haben wohl die Bilderstürmer geahnt, und vielleicht verstehen wir sie am besten. Die Kirchen und Museen hängen also voller Frevelwerk, sie sind bestückt mit Blasphemie, mit zweifach verwandeltem, mit von Menschenhand gemachtem Leben, mit Gegenwart und Dauer.

Der Frevel, den die Gesellschaft begeht, bleibt ebenso unentdeckt und unerkannt wie der unsere; *sie* nimmt Madonnen und Kruzifixe weg, gibt sie in den Handel und in die Museen und wundert sich dann in endlos-unendlichen Wochenendgesprächen an hübschen Tagungsorten darüber, daß – wie heißt das doch so schön – die religiöse Kunst in einer Krise sei. Frevel wird nie da erkannt, wo er begangen wird. Der Ausverkauf einst für verehrungswürdig erklärter, dem Handwerker oder Künstler für ein bißchen Fressen abgehandelter, für Kunst erklärter Gegenstände ist weitaus frevelhafter als das Vorzeigen oder Einbringen der eigenen Genitalien auf Leinwand oder Papier; letzteres ist ja nur sentimental und darum so peinlich, weil es Leben und Gegenstand unverwandelt einbringt. Im übrigen ist ja jeder Genitalfrevel erlaubt, wenn er Steuern einbringt oder von Kirche und Staat, wenn auch nur formell, was in den meisten Fällen bedeutet: scheinbar, gesegnet ist.

Die Gesellschaft tut alles, als sei es für ewig getan: Sie baut für die Ewigkeit, erklärt Kunstwerke für ewigkeitswertig, sie tut, was wir nicht tun: sie vertraut auf die Zukunft. Wir wissen, daß nichts bleibt, in der Asche der Vergangenheit schmecken wir die Asche der Zukunft, und aus beiden versuchen wir Gegenwart zu machen und Leben zu erwecken. Wir gehen vorüber, und gerade, weil wir hin und wieder Leben erwecken, ist uns das, was man das wirkliche Leben nennt, so kostbar, kostbar, weil wir wissen, was die Gesellschaft, will sie auch nur vierzehn Tage sie selbst bleiben, sich nicht bewußt machen darf: daß Vergänglichkeit und Tod immer vor der Tür stehen, alles zu Asche wird. Das könnte pessimistisch klingen, es ist es nicht. Es ist nur eine Äußerung des Wirklichkeitssinns, und vielleicht sind wir die einzigen, die Wirklichkeitssinn haben, alle anderen sind, wenn auch manchmal mit mehr oder weniger hoher Beimischung von Heuchelei oder Selbstbetrug, sie sind, was wir am allerwenigsten zu sein uns erlauben dürfen: Idealisten. Wir sind Materialisten in einem Sinn, den ich hoffentlich wenigstens andeutungsweise geklärt habe; wir machen uns unser Material selbst, indem wir Gegenstände und auch Leben materialisieren; unseren Materialismus können die Marxisten so schwer begreifen, weil sie Idealisten sind; und was es da sonst noch alles an inthronisierter Unfehlbarkeit geben mag: nie wird man es begreifen, wodurch wir außerdem freveln: daß wir zu einer Gattung gehören, die eben im Entstehen ist: zu den Menschen. Und zu unserer Menschlichkeit gehört etwas, was ebenfalls noch nicht recht erkannt ist, weil es unerbittlich mit Demut, Bescheidenheit, Untertänigkeit, Feigheit, Anpassung etc. verwechselt wird; es ist unsere Höflichkeit, wir müssen ein neues Wort dafür finden, weil dieses ja mit Hof zu tun hat und wir am Hofe nichts zu suchen haben, denn das sind wir noch weniger als alles andere: Untertanen. Höfliche Frevler sind wir, vorübergehende Blasphemiker, und wenn wir die Mode, Genitalien vorzuzeigen und einzubringen, nicht mitmachen, dann nur, weil uns Sentimentalität, unverwandelte Gegenständlichkeit peinlich ist; sie ist das Gegenteil von dem, was wir wollen.

Über Günter Eichs ›Maulwürfe‹
[1968]

Etymologie ist ein heikles Gewerbe. Was nahe zu liegen scheint, ist gewöhnlich sehr weit entfernt. Wie die Schmetterlinge nicht das geringste mit schmettern zu tun haben, haben Maulwürfe nichts mit Maul zu tun. Aus Molt – was bedeutet: Erdaufwerfern – sind sie erst im Laufe einiger Jahrhunderte aufs Maul gekommen, sich ganz und gar entfremdet worden. Sie heißen auch Mull, Talpa europaea, leben im Boden »als bläulichgraue, schwarze, nützliche Säugetiere, ernähren sich von Regenwürmern und Engerlingen, bevorzugen feuchte, fette, lockere Böden der Ebenen und der Höhenränder der gemäßigten Zonen der Alten Welt«. Merkwürdigerweise versteht sich als *alte* Welt, obwohl andere Teile dieser Erde ältere Kulturen haben, immer noch Europa. Eich mault also nicht, und wie und wem seine Maulwürfe nützlich sein können, das wage ich nicht festzustellen. Er selbst erklärt seine Maulwürfe für »schädlich, man soll sich keine Illusion machen«. Machen wir uns also keine: diese Erdaufwerfer, denen die Elternschaft von Vater Staat und Mutter Natur zuwider ist, untergraben; es sind zersetzende, gewissenlose Sprachgebilde. Sie zersetzen nicht nur anderes, auch sich selbst, und machen damit die althergebrachte Schulmeisterfrage, ob sie nun engagiert seien oder nicht, so lächerlich wie überflüssig. Diese Wundertiere sind flinker als sie selbst und weitaus flinker als jeder, der sie lesen mag. Sie sind leise, fast lautlos, und kaum sind sie da, sind sie schon wieder weg, und doch weiß man, daß sie immer da sind. Wo? Sie sind weder Aphorismen noch Kurzgeschichten, sie sind keineswegs, wie man bei Eich wahrscheinlich gern erwarten würde, lyrische Prosa, und doch sind sie Eich. Der alte und neue Eich, der seine »Hintersinnigkeit« schon früh zu Papier brachte. Die Maulwürfe sind kein Ausdruck für Anarchismus, weder für stillen noch für lauten, sie sind mehr, eine politisch so festlegbare Vokabel wie Anarchismus trifft sie nicht. Es sind kleine, so künstliche wie kunstvolle Zeitbomben, von denen die eine früh, eine andere spät gezündet wird, manche vielleicht erst ein Jahr nach der Lektüre losgeht. Diese denkwürdigen Wundertiere zersetzen nicht nur sich selbst, auch das Lob, das ich ihnen gern spenden würde. Sie sind darüber erhaben, ihr Humor, obwohl unheimlich genug, ist ihnen selbst verdächtig. Kaum glaube ich, ich hätte einen begriffen, ist er schon wieder weg, und ich weiß, daß ich ihn nicht begriffen habe. Die geheime Feder, mit der sie aufgedreht sind, stellt sie auf den Kopf, wieder auf die Füße, legt sie dann auf die Seite – und weg sind sie. Obwohl zur Literatur gezählt, sind die ›Maulwürfe‹ fast keine mehr. Ich kenne nichts Vergleichbares, möglicherweise sind sie Ansätze zu einer neuen Philosophie. Ich weiß es nicht. »Wie oder nicht wie, die Nacht schläft nicht. Zeugungen sind im Gange, auch Scheherezade, die uralte, wird schön, Tabletten machen sie furchtlos.« Willkürlich herausgegriffen. Natürlich »kommt« Bakunin einige Male »vor«, doch ich verlasse mich nicht auf diese Tatsache. »Ich habe Schmerzen, wo ich nicht bin.« Ich auch, und ich fürchte, wer die Maulwürfe begriffen zu haben glaubt, hat sie am wenigsten begriffen. Es sind unbegreifliche Tiere, und mit Maul haben sie nichts zu tun. Nirgendwo wird gemault.

Dostojewski und Petersburg

Aus der Sendereihe ›Der Dichter und seine Stadt‹
Fernseh-Film-Manuskript. Auswahl der Zitate und Kommentar von Heinrich Böll
[1969]

Zitat: Ich habe meine Werke nie im Leben anders fortgegeben als für Vorschußzahlungen. Ich bin ein proletarischer Literat, und wenn irgend jemand mein Werk haben möchte, muß er es mir im voraus bezahlen.

Zitat: Eine unergründliche Kälte wehte ihn aus diesem wundervollen Panorama an; stumm und taub blieb für ihn dies prächtige Bild. Er wunderte sich jedesmal über den düsteren und geheimnisvollen Eindruck und schob dessen Lösung, da er sich selbst nicht traute, in die Zukunft hinaus... Wie in einem Abgrund, tief unten, dem Auge kaum noch erkennbar, erschien ihm sein früheres Leben, die früheren Gedanken, die früheren Ziele, die früheren Fragen, dies ganze Panorama und er selbst und alles und alles. Es kam ihm vor, als fliege er auf und alles entschwinde seinen Augen. Indem er eine unwillkürliche Bewegung mit dem Arm machte, fühlte er in seiner Hand die zwanzig Kopeken. Er öffnete die Faust, sah die Münze an, holte aus und warf sie ins Wasser. Es schien ihm, als hätte er sich selbst mit der Schere von allem und allen abgeschnitten in diesem Augenblick.

Kommentar: Diese Stadt heißt seit vierundfünfzig Jahren nicht mehr St. Petersburg; 10 Jahre lang hieß sie Petrograd, seit 44 Jahren heißt sie Leningrad. Sie ist vom Petersburg des 19. Jahrhunderts zwei Revolutionen und zwei Weltkriege weit entfernt. Sie ist wirklich – und fremd, nicht im geographischen Sinne fremd, in einem poetischen und metaphysischen Sinn. Sie war auch dem Dichter Fedor Michailowitsch Dostojewski fremd. Es war nicht seine Stadt, er hatte keine, er hatte nicht einmal eine Stätte, zog von Wohnung zu Wohnung, reiste von Ort zu Ort, war zehn Jahre seines Lebens verbannt. St. Petersburg war die Stadt, in der er die meiste Zeit seines Lebens verbrachte und die zum Material für einige seiner Romane und Erzählungen wurde. Dieser Bericht ist ein Annäherungsversuch an die Fremdheit des Wirklichen, ein Versuch, herauszufinden und zu zeigen, was

87 Jahre nach Dostojewskis Tod im Leningrad des Jahres 1968 wiedergefunden werden konnte von dieser Fremdheit des Wirklichen.

Zitat: Ich empfand ganz plötzlich, daß es mir ganz gleichgültig wäre, ob die Welt da wäre oder ob es überhaupt etwas gäbe. Ich begann mit meinem ganzen Wesen zu verspüren und zu merken, daß es zu meiner Zeit nichts mehr gab. Anfangs freilich war es mir immer noch so vorgekommen, als ob, im Gegensatz hierzu, ehemals vieles bestanden hätte; später jedoch kam ich dahinter, daß es auch ehmals nichts gegeben und daß es mir irgendwo nur so geschienen hatte. Allmählich kam ich gleichfalls zu der Überzeugung, daß es auch niemals etwas geben werde. Da hörte ich auf einmal auf, mich über die Leute zu ärgern, und kam beinahe so weit, daß ich sie nicht einmal bemerkte. Das äußerte sich sogar in den allergeringsten Kleinigkeiten: Ich gehe zum Beispiel über die Straße, stoße Leute an – nicht etwa, weil ich in Gedanken versunken wäre; worüber hätte ich denn nachdenken sollen? Ich hatte ja damals ganz und gar zu denken aufgehört. Mir war alles gleich.

Kommentar: Ein Thema, das heute modisch klingt: der Einzelne und die Gesellschaft, war vor mehr als hundert Jahren, als der Roman ›Schuld und Sühne‹ erschien, Gegenstand für einen prophetischen Schriftsteller. Das Leiden des Einzelnen an der Großstadtgesellschaft und das Leiden der Gesellschaft an ihm ist das Thema der Petersburger Romane und Erzählungen Dostojewskis. Er war der erste russische Autor, der die Großstadt zum Gegenstand der Literatur machte, der die in ihr Erniedrigten und Beleidigten, die Leidenden einer heraufkommenden modernen Gesellschaft in die Literatur aufnahm. Er entdeckte jene Schicht, die sich in den Großstädten des 19. Jahrhunderts erst bildete: die Kleinbürger, und er verlieh diesen Titel wie ein Adelsprädikat.

Zitat: Ich schlängelte mich wie ein Aal, in der unansehnlichsten Weise, zwischen den Fußgängern hindurch und machte bald Generälen, bald Gardekavallerie- oder Husarenoffizieren, bald eleganten Damen Platz, in diesen Augenblicken fühlte ich einen schmerzhaften Krampf in meinem Herzen und Schauer im Rücken schon bei dem einzigen Gedanken an die Schäbigkeit meiner Kleider, an die Schäbigkeit und Trivialität meiner herumschleichenden Gestalt. Es war die peinlichste Pein, eine anhaltende und unerträgliche Erniedrigung in dem Gedanken, der zu einer anhaltenden und unmittelbaren Empfindung wurde, daß ich in den Augen aller Welt nur eine Fliege war, eine gemeine, unnütze Fliege – wenn auch klüger als alle, wenn auch gebildeter als alle, wenn auch edler als alle – das versteht sich von selbst, so doch eine allen fortwährend ausweichende Fliege, von allen erniedrigt und von allen beleidigt.

Kommentar: Er nahm an der Stadt Petersburg die Sehenswürdigkeiten nicht wahr – er benutzte sie nur als Interpunktionen innerhalb seines Materials – er nahm auch die gesellschaftlichen Sehenswürdigkeiten, Generäle, Minister, nicht wahr; auch ihnen wurde die Funktion von Komma, Punkt, Strichpunkt zugewiesen. Ihn beschäftigten die Leidenden. Fremd waren ihm die gesellschaftlichen und architektonischen Sehenswürdigkeiten aller Städte. Über seinem Werk könnte das Motto stehen: Nur das Leiden ist wirklich.

Zitat: Er erwachte verdrossen, gereizt und böse und sah sich voll Haß in seiner Kammer um. Es war ein winziger Käfig, etwa sechs Schritte lang, der überaus kläglich wirkte mit seiner gelben, staubigen, überall von den Wänden losgelösten Tapete, und so niedrig, daß es einem etwas größeren Menschen darin bange wurde in dem Gefühl, er könne jeden Augenblick mit dem Kopf gegen die Decke stoßen. Die Möbel paßten zu dem Raum: drei alte Stühle, die nicht intakt waren, ein gestrichener Tisch in der Ecke, darauf einige Hefte und Bücher; schon an dem Staub, der sie bedeckte, konnte man sehen, daß sie seit langem nicht angerührt worden waren; und endlich an der Wand ein plumpes großes Sofa, das den halben Raum ausfüllte – einstmals war es mit Kattun überzogen gewesen, jetzt hing er in Fetzen herunter – es diente Raskolnikow als Bett.

Kommentar: Die räumliche Enge, in der sie wohnen, wird den Bewohnern der riesigen Stadt angesichts der gigantischen Paläste und Verwaltungsgebäude vervielfacht. Diese prächtige Stadt mit ihrer gesellschaftlichen und architektonischen Anmaßung wirft die Unansehnlichen ihrer Bewohner immer wieder in die Enge ihrer Räumlichkeiten zurück, in der sie sich wie Insekten fühlen.

Zitat: Ich habe mich damals wie eine Spinne in meine Ecke verkrochen. Du warst ja in meinem Verschlag, du hast ihn gesehen und du weißt wohl, Sonja, daß niedrige Decken und enge Zimmer die Seele und den Verstand einengen.

Zitat: Ich möchte feierlichst erklären, daß ich schon mehrere Male ein Insekt werden wollte. Doch nicht einmal dazu ist es gekommen.

Statement: Andrei Fjodorowitsch Dostojewski
Ich bin der einzige Enkel und direkte Nachkomme des großen russischen Schriftstellers Fedor Michailowitsch Dostojewski. Da ich meinen Beruf als Ingenieur nicht mehr ausübe, habe ich mich dem Studium seines Lebens und Wirkens gewidmet.

Kommentar: Dostojewskis Religiosität ist ihm so oft vorgeworfen worden, wie sie ihm abgestritten worden ist. Es steht niemandem zu, an seinem persönlichen Bekenntnis als Christ zu zweifeln. Was er in seinen Romanen ausdrückt, ist alles, was es zwischen absolutem Nihilismus und tiefster Gläubigkeit geben kann. Er nahm als Autor des 19. Jahrhunderts die großen Themen unserer Zeit vorweg. In den ›Dämonen‹ beschreibt er mit exakter Prophetie Liquidationstechniken und -ideologien des 20. Jahrhunderts, in ihrer ganzen unmenschlichen Grausamkeit und Sinnlosigkeit. Dostojewski nahm als Romancier den Existentialismus, die Absurdität, die Angst vorweg, und er tat es als Christ. Er floh als Autor niemals in vorgeschobene oder vorgegebene Ordnungen, er lieferte sich und seine Gestalten den Wirklichkeiten aus. Er war ständig wie auf der Durchreise, wie ein Durchreisender nahm er wahr: Augenblick und Ewigkeit, Leben und Tod, die Bitterkeit des Vergänglichen. Nichts war ihm so verdächtig wie die Gesunden, deren Gegenteil nicht die Kranken sind sondern die Leidenden. Dostojewski legte nicht fest, ob ihr Leiden in der Zeit, am Ertragen der absurden Zeitlichkeit, in eine Ewigkeit münden würde, er bot keine katechetisch verwertbaren Lösungen an, nur Gedanken, Spekulationen, Assoziationen und die Wirklichkeit der von ihm geschaffenen Gestalten, die alle zwischen Himmel und Erde leiden.

Zitat: Wir stellen uns die Ewigkeit als eine Idee vor, die man nicht erfassen kann, als etwas Großes, Gewaltiges. Aber warum muß es unbedingt etwas Großes sein? Und wenn dort statt dessen nur ein kleines Zimmerchen sein wird, stellen Sie sich das vor, so ähnlich wie eine Badestube auf dem Dorf, verrußt und in allen Ecken Spinnen, und das ist die ganze Ewigkeit.

Wissen Sie, manchmal kommt es mir so vor.

Tee wird es geben und Menschen.

Statement von Schauspieler Jewgeni Lebedew
Dostojewski ist für mich die große Schule der Schauspielkunst. Ich lerne bei ihm. Ganz egal, welche Rolle ich spiele, ich nehme sie durch Dostojewski auf, Dostojewski ist nichts Einfaches. Er ist sehr kompliziert. An der Rolle von Rogoshin arbeite ich zum Beispiel schon 10 Jahre. Und, wie es mir scheint, ist das eine Arbeit ohne Ende. (Das ist alles, was ich über Dostojewski sagen kann. Es tut mir weh, über ihn zu sprechen, man wird auch müde, wenn man Dostojewski spielt.)

Zitat: Brief an den Bruder vom 18. 7. 1849
Die regnerischen Tage sind dagegen unerträglich, und die Kasematte sieht dann noch viel unerfreulicher aus. Ich habe die Zeit nicht unnütz vertan: Ich habe den Plan zu drei Erzählungen und zwei Romanen gefaßt; einen Roman schreibe ich jetzt, vermeide aber, zuviel zu arbeiten. Solange ich in Freiheit arbeitete, mußte ich immer die Arbeit unterbrechen und mich zerstreuen; hier muß aber die auf die Arbeit folgende Erregung ganz von selbst vergehen. Meine Gesundheit ist gut, bis auf die Hämorrhoiden und die Zerrüttung der Nerven, die crescendo fortschreitet. Ab und zu bekomme ich Anfälle von Atemnot, der Appetit ist wie früher sehr ungenügend, der Schlaf ist schlecht und dazu noch voll krankhafter Träume.

Kommentar: In der Wohnung Michail Wassiliewitsch Petraschewskis versammelte sich 1848 einmal wöchentlich eine Gruppe von Radikalen und Revolutionären. Sie lasen Fourier und Proudhon, die französischen Sozialutopisten, planten eine Geheimdruckerei zur Verbreitung von Proklamationen. In diesen Geheimbund, dem auch Dostojewski angehörte, schleuste die Regierung Nikolaus I. einen Spitzel ein, und am 23. 4. 1849 wurde die ganze Gruppe verhaftet.

Zitat: Mein lieber Bruder und Freund! Nun ist alles überstanden! Ich bin zu 4 Jahren Festungshaft verurteilt. Heute, am 22. Dezember, wurden wir alle nach dem Semjonower Platz gebracht. Dort verlas man uns das Todesurteil, ließ uns das Kreuz küssen, zerbrach über unseren Köpfen den Degen und machte uns die Todestoilette. Dann stellte man drei von uns vor dem Pfahl auf, um das Todesurteil zu vollstrecken. Ich war der sechste in der Reihe; wir wurden in Gruppen von je drei Mann aufgerufen, und so war ich in der zweiten Gruppe und hatte nicht mehr als eine Minute noch zu leben. Ich hatte noch Zeit, Pleschtschejew und Durow, die neben mir standen, zu umarmen und von ihnen Abschied zu nehmen. Schließlich wurde Retraite getrommelt, die an den Pfahl gebundenen wurden zurückgeführt, und man las uns vor, daß seine Kaiserliche Majestät uns das Leben schenke.

Statement: Hinrichtungsplatz
In 120 Jahren hat sich natürlich alles verändert, aber 1849, eines frühen Morgens im Dezember, stand Dostojewski hier auf dem Schafott und wartete zusammen mit den anderen Verurteilten auf seine Hinrichtung. Sie wurden jedoch begnadigt und zur Zwangsarbeit nach Sibirien oder zum Soldatendienst verschickt.

Kommentar: Petersburg ist eine befohlene, abstrakte, in das Nichts finnischer Sümpfe hineingepeitschte Stadt. Niemand weiß, ob ihre Errichtung 100 oder 200 000 Menschenleben gekostet hat. Die russischen Dichter Puschkin, Gogol, Belyi und Blok waren fest davon überzeugt, daß das Wasser St. Petersburg einmal zurückfordern würde. Dostojewski hat das Blut und Elend der Geopferten wohl gespürt, den riesigen unsichtbaren Sklavenfriedhof, auf dem diese Pracht und Herrlichkeit errichtet ist, die zu intellektuell begründeter Gewalttätigkeit und zu Demut herausfordert. Dieser Versuch, Rußland so hoch im Norden für den Westen Europas zu öffnen, ist gegen das Klima, gegen die geologischen Bedingungen den Sümpfen abgetrotzt. Eine Idee und ein Traum, und es sind diese beiden Worte, die in Dostojewskis Petersburger Romanen und Erzählungen am häufigsten ausgesprochen werden. – Diese fremde Wirklichkeit Petersburg verfolgt Dostojewski auch im Ausland, in allen Großstädten erkannte er die Fremdheit Petersburgs wieder, die sich ihm zu Haß und Heimweh vervielfachte.

Zitat: Ich liebe dich, du Schöpfung Peters. Pardon. – Nein, ich liebe sie nicht. Fenster, Löcher, Monumente. Unter den Füßen der feuchte Granit, zur Seite die hohen, dunklen, verräucherten Häuser, unter den Füßen Nebel, über dem Kopf gleichfalls Nebel.

Zitat: Für den alltäglichen menschlichen Bedarf wäre ein gewöhnliches menschliches Bewußtsein übergenug, also etwa die Hälfte, ein Viertel jener Portion, die dem entwickelten Menschen unseres unglücklichen neunzehnten Jahrhunderts zukommt, der dazu noch das besondere Unglück hat, in Petersburg zu leben, der abstraktesten und ausgeklügeltsten Stadt der ganzen Welt.

Zitat: Seit drei Tagen irre ich hier herum und lasse mich mit niemandem ein. Und dann noch diese Stadt! Und wie haben wir sie bloß ausgeklügelt, ich bitte Sie! Eine Stadt der Bürokraten und Seminaristen aller Sorten! Wirklich, ich habe früher manches übersehen, damals vor acht Jahren, als ich mich hier herumgetrieben habe. Jetzt setze ich meine ganze Hoffnung auf die Anatomie, bei Gott!

Zitat: »Haben Sie Straßensänger gern?« fragte Raskolnikow plötzlich einen nicht mehr jungen Mann, der neben ihm vor dem Leierkasten stand. Dieser starrte ihn erschrocken und verwundert an. »Ich mag sie gern«, fuhr Raskolnikow fort, aber mit einem Ausdruck, als rede er gar nicht über die Straßensänger, »ich liebe es, wenn zu Leierkastenmelodien gesungen wird, besonders an einem kalten, dunklen und feuchten Herbstabend, unbedingt an einem feuchten, wenn die Vorübergehenden grünliche und kranke Gesichter haben; oder noch besser, wenn es nasse Flocken schneit, still und stet, wissen Sie? Und die Gaslampen hindurchschimmern.«

Kommentar: Wie alle Romanschreiber war Dostojewski ein unermüdlicher Spaziergänger. Auf seinen Wegen, zu privaten Pfandleihern, zur Kirche, auf Bittgängen, zum Verleger, zum Buchhändler, um Vorschuß zu bekommen, hat Dostojewski sie in der fremden Wirklichkeit Petersburg wahrgenommen und sie in seinem Werk in eine zweite Wirklichkeit geholt: die Unansehnlichen der Gesellschaft, die Händler und Rentner, kleine Beamte und Kanzlisten, die Dirnen und Polizisten, Studenten und Marktfrauen, Soldaten und Offiziere, Verbummelte und Genies, in ein paar Straßen um den Heumarkt herum hat er sie gesehen und aus der Fremde in die Wirklichkeit seines Werks hineingenommen, Bauernjungen, die als Rekruten oder Lakaien in die große Stadt gekommen waren.

Zitat: Das ist eine Stadt der Halbverrückten. Hätten wir einen Sinn für Wissenschaft, so wären Mediziner, Juristen und Philosophen in der Lage, die wertvollsten Erkenntnisse aus dem Petersburger Leben zu ziehen. Aber im Augenblick geht es nicht darum, sondern um die Beobachtung, die ich schon einige Male an ihnen gemacht habe. Sie verlassen das Haus – noch gehen sie aufrecht. Nach zwanzig Schritten lassen sie den Kopf sinken und verschränken die Hände auf dem Rücken. Ihre Augen sind offen, und doch sehen sie nichts, weder direkt vor sich, noch links oder rechts. Endlich bewegen sie die Lippen und beginnen ein Selbstgespräch, wobei sie zuweilen gestikulieren und sogar deklamieren, bis sie schließlich längere Zeit mitten auf dem Weg stehenbleiben. Seit dem gestrigen Tage möchte ich immerfort nur reden und reden.

Zitat: Ich bin überzeugt, daß man unsereinen, den Kellerlochmenschen, im Zaume halten muß. Er ist wohl fähig, vierzig Jahre stumm in seinem Kellerloch auszuhalten, kommt er aber ans Licht, geht es mit ihm durch, dann redet er, redet, redet, redet.

Zitat: Übrigens, worüber kann ein anständiger Mensch mit dem größten Vergnügen reden?

Antwort: Über sich selbst.

Also werde ich über mich selbst reden.

Brief an den Bruder
Wie traurig war es mir, wieder in Petersburg einzutreffen; ich fühlte dunkel meine ganze Zukunft voraus in diesen tödlichen drei Stunden meiner Überfahrt. Besonders, nachdem ich mich an Euch gewöhnt und mich so mit Euch eingelebt hatte, kamen mir Petersburg und mein künftiges Petersburger Dasein derart furchtbar, fruchtlos und unerfreulich vor, und die Notwendigkeit so unbarmherzig, daß, wäre es mit meinem Leben in diesem Augenblick zu Ende gegangen, ich, so scheint es mir wenigstens, mit Freuden gestorben wäre. Ich übertreibe wirklich nicht. Dieses ganze Schauspiel der Stadt lohnt nicht einmal die Ausgaben für die Beleuchtung.

Straßeninterviews

1. Ich glaube, daß Dostojewski auch heute die Bedeutung noch nicht verloren hat, die er zu seiner Zeit hatte.
   Allerdings ist jetzt eine ganz andere Zeit, und die Jugend hat – besonders bei uns – ganz andere Interessen. Trotzdem glaube ich, daß Dostojewski auch uns noch etwas zu sagen hat.
2. Ich habe von Dostojewski mehr gesehen als gelesen. Ich kenne zum Beispiel Filme wie ›Der Idiot‹ und ›Weiße Nächte‹. Mir hat's gefallen, wie diese Filme gemacht waren, weil sie der Regisseur Iwan Pyrjew inszenierte – mit guten Schauspielern.
3. Dostojewski ist ein zu Recht von allen geschätzter russischer Schriftsteller. Seine Werke, wie zum Beispiel ›Die Brüder Karamasow‹, werden bei uns buchstäblich von allen gelesen. Er war ein erstaunlich feinfühliger Psychologe.
4. Dostojewski war ein Schriftsteller, der in seinen Werken nicht genug jene Zukunft aufzeichnete, die für Rußland nach der Revolution kommen sollte. Überhaupt hatte er zum Sozialismus – sozusagen eine ganz schwache Beziehung.

Kommentar: Aus allen Ecken und Winkeln des riesigen Reiches kamen sie in die Hauptstadt Petersburg, dorthin zitiert, um Rechenschaft abzugeben; dorthin verschlagen, um endlose Prozesse zu führen, sie scheiterten als Bittsteller an Vorzimmertüren, dienten als Lakaien in den großen Palästen, sie kamen als Studenten, Offiziere, Rekruten, Beamte; sie strandeten vor großen und kleineren Türen, warteten, warteten Jahre, oder ein Leben lang; das Geld ging ihnen aus, sie zogen in schäbige kleine Zimmer, versetzten ihre Habseligkeiten bei Pfandleihern, spielten, machten Gelegenheitsarbeiten, lebten von nichts oder von großen Worten, von Intrigen und Schwätzen, verloren in den Mietskasernen und Straßen der großen abstrakten Stadt, die ihnen fremd blieb.

Zitat: Da ist zum Beispiel auch dieser Iwan Fomitsch Surikow, ein unglückliches, vertrocknetes Kerlchen – er wohnt in unserem Hause, gerade über uns – der läuft auch ewig mit Löchern in den Ärmeln und abgerissenen Knöpfen umher, immer für andere Leute unterwegs und von früh bis in die Nacht hinein auf den Beinen, ohne es zu etwas zu bringen. Wenn man mit ihm spricht, hört man immer dasselbe: Ich bin so arm, meine Frau ist gestorben, es war kein Geld da, um Medizin für sie zu kaufen, im Winter ist mir ein Kind erfroren, die älteste Tochter muß verdienen helfen. Weshalb ist er denn kein Rothschild geworden? Wer ist schuld daran, daß er kein Millionär ist?

Zitat: »Sie haben vermutlich Ihre Stellung verloren und sind nach Petersburg gekommen, um sich zu rechtfertigen und eine neue zu erhalten?«

»So ist's – woher wissen Sie das?« fragte er ganz erstaunt.

»Man sieht das auf den ersten Blick. Es kommt mancheiner aus der Provinz hierher, der sich in ähnlicher Lage befindet, ähnliche Hoffnungen hegt und in ähnlicher Weise sich durchschlägt.«

Zitat: Brief vom 23. 7. 1873
Am Samstag ging Mischa in meinem Auftrag in das Büro von Klein, wo man ihm sagte, daß 50 Exemplare verkauft seien, und das Geld habe er nicht hinterlassen. (Wahrscheinlich geben sie auch nur den Verkauf von 50 Exemplaren zu und haben doch mehr verkauft.) Ich bin heute um 10 Uhr aufgestanden und suchte die Pfandleiher auf. Überall will man nur 60 geben und nicht mehr. Und nur bei einem Pfandhaus, bei der Anitschkow-Brücke, im Haus von Lopatin, gab man mir 70, auf Grund meines Drängens. Auf diese Weise reichte das Geld: Ich bezahlte 106 Rubel und es blieben mir zum Leben gegen 15 Rubel und etwas Kleingeld. Aber dafür – ohne Uhr.

Statement des Oberpriesters Amborzumow
Fedor Michailowitsch hat das russische Leben gezeigt, wie es wirklich ist. Zweifellos hat er die Anfänge des heutigen Atheismus dargestellt. Wie durch ein Vergrößerungsglas gesehen, beschreibt er die Eigenschaften seiner Helden. In seinen Büchern kann man die allmähliche Entwicklung des Lasters wie auch der Tugend beobachten.

Kommentar: Eine Möglichkeit, sich der Person und dem Geist eines Autors vom Range Dostojewskis zu nähern, wäre die: Seinen von unzähligen Gestalten bevölkerten Kosmos zu ordnen, die Gespräche, Gedanken, Handlungen zu werten und zu analysieren. Dieser Kosmos hat die hohe Spannung zwischen absolutem Hochmut und totaler Demut, zwischen Raskolnikow und Sonja. Die Entfernung zwischen dieser hochgespannten Intellektualität Raskolnikows, der am Ende die Erde küßt, und den demütigen Gestalten wie dem Idioten Fürst Myschkin, ist kaum mit menschlichen Maßen zu messen. Raskolnikow ist nur eine der Gestalten Dostojewskis, die im höchsten intellektuellen Bewußtsein Gesellschaft und Geschichte durchschauen und sich hochmütig über sie stellen und doch am Ende jene Kraft entdecken, mit der Sonja ausgestattet ist, die Demut, von der Dostojewski sagt, sie sei »die allerfürchterlichste Kraft, die es auf Erden gibt«.

Zitat: Wer sich über das Höchste hinwegsetzt, der ist Gesetzgeber, und wer das Höchste wagt, der hat das höchste Recht. So war es und so bleibt es für alle Zeiten! Nur ein Blinder könnte das übersehen.

Zitat: Das Ganze dreht sich darum, daß in diesem Artikel alle Menschen irgendwie eingeteilt werden in »gewöhnliche« und »außergewöhnliche«. Die Gewöhnlichen müssen im Gehorsam verharren und sind nicht berechtigt, das Gesetz zu übertreten; denn sie sind, wie gesagt, »die Gewöhnlichen«. Und die Außergewöhnlichen haben das Recht zu jedem Verbrechen und zu jeder Übertretung des Gesetzes eigentlich darum, weil sie außergewöhnlich sind.

Zitat: Sonja, ich wollte ohne jede Kasuistik morden, morden um meiner selbst willen. Ich habe ganz einfach gemordet, um meiner selbst willen habe ich gemordet, für mich ganz allein: Ob ich dann später irgendwessen Wohltäter geworden wäre oder ein Leben lang wie eine Spinne alle in meine Netze gelockt und das lebendige Blut ausgesaugt hätte, das mußte mir in jenem Augenblick vollkommen gleichgültig sein! Und nicht um das Geld, das ist die Hauptsache, ging es mir damals, Sonja, als ich gemordet habe; es ging mir weniger um Geld als um etwas anderes. Versteh mich: Wäre ich diesen Weg weitergegangen, hätte ich vielleicht nie wieder gemordet. Es ging mir um etwas anderes, etwas anderes trieb mich: Damals mußte ich mich überzeugen, ob ich eine Laus bin wie alle anderen oder ein Mensch. Kann ich die Grenze überschreiten oder kann ich es nicht? Wage ich mich zu bücken und aufzuheben oder wage ich es nicht? Bin ich eine zitternde Kreatur oder habe ich das Recht . . .
Zu morden?

Statement: Andrei Fjodorowitsch Dostojewski
Im 5. Stock dieses Hauses wohnte Raskolnikow. Aus dieser Tür kam er, als er zu der alten Geldverleiherin ging, um sie zu töten.

Hinter dieser Tür stahl er die Axt, die er unter dem Mantel versteckte – dann ging er, um den Mord auszuführen.

Von dieser Stelle bis zum Haus der alten Geldverleiherin hatte er 730 Schritte zu gehen.

In diesem Haus, im 4. Stock wohnte die alte Geldverleiherin, die Rodion Raskolnikow tötete.

Kommentar: Kaum etwas außer seiner Arbeit hat Dostojewski so sehr beschäftigt wie die gleichzeitig abstrakte und so wirkliche Substanz Geld. Er war immer verschuldet, spielte. Immer ging es um Vorschüsse, immer in Leihhäusern oder Spielbanken. Ein fast stereotyper Briefanfang: »Mein lieger Engel Njuta, ich habe alles verspielt, kaum war ich angekommen, hatte ich in einer halben Stunde alles verspielt.«

Zitat: Irgendwelche Gedanken oder Fetzen zogen einfach vorbei, irgendwelche Bilder, der Glockenturm der V.-Kirche, ein Billard in einer Kneipe und irgendein Offizier an diesem Billard; ein Tabakladen in irgendeinem Keller, Zigarrengeruch; eine Hintertreppe, dunkel und voll Unrat, mit Eierschalen besät und aus der Ferne das Läuten der Sonntagsglocken. Die Bilder wechselten und kreisten wie Wirbel.

Kommentar: Der im Wasser verwirklichte und unglaubwürdige Traum Petersburg läßt die Menschen in Dostojewskis Romanen an ihrer eigenen Wirklichkeit zweifeln, er macht sie zu Tagträumern, Einzelgängern, fast alle führen sie Selbstgespräche, sie nehmen ihre Ideen für Taten und ihre Taten – wie Raskolnikow seinen Mord an der Pfandleiherin – für Ideen.

Zitat: Er hatte nicht weit zu gehen, er wußte sogar, wieviel Schritte es von seiner Haustür waren: genau siebenhundertunddreißig. Einmal hatte er sie gezählt, als er besonders stark geträumt hatte.

Und immer kamen Träume, seltsame, alle möglichen Träume, die lassen sich gar nicht erzählen.

Zitat: Ich glaube, ihre Augen irgendwo gesehen zu haben, doch das ist nicht möglich. Ich bin noch niemals hier gewesen, vielleicht war es nur ein Traum.

Zitat: Die Träume sind bekanntlich eine höchst sonderbare Sache. Das eine stellt sich einem mit erschreckender Deutlichkeit vor, mit allen Einzelheiten, ausgefeilt wie Goldschmiedearbeit; über etwas anderes springt man hinweg, als bemerkte man es überhaupt nicht, zum Beispiel über Raum und Zeit. Die Träume, so scheint es, lenkt nicht der Verstand, sondern der Wunsch, nicht der Kopf, sondern das Herz.

Kommentar: Aber ihre Träume sind nicht romantische Träumereien, es sind abstrakte, intellektuelle Träume, Utopien, zu denen sie diese Fata Morgana, die im Wasser liegt, verführt haben mag. Je höher ihr intellektuelles Bewußtsein ist, je mehr sie den Zufallspomp der Paläste durchschauen, desto heftiger wird ihr intellektueller Traum, bis sie nicht mehr wissen, ob sie das, was sie denken, tun, oder das, was sie tun, denken.

Zitat: Inmitten dieses Nebels kommt mir zum hundertsten Male der sonderbare, eindringliche Gedanke: Wie wenn dieser Nebel sich verzieht und zum Himmel steigt – wird dann nicht zusammen mit ihm auch diese modrige, dumpfe Stadt emporsteigen und wie Rauch verfliegen, und was zurückbleibt, ist dann nur der finnische Sumpf und mitten in ihm – meinetwegen als Schmuck – der Eherne Reiter auf dem schnaubenden, überjagten Roß?

Zitat: Seht euch doch die Sonne an, wenn sie aufgeht; ist sie nicht eine Leiche? Alles ist tot. Überall liegen Tote. Die Menschen sind einsam, und um sie herum ist Schweigen – das ist die Erde.

Zitat: Gespenster sind sozusagen Fetzen und Bruchstücke anderer Welten, ihre Peripherie. Ein gesunder Mensch hat keine Veranlassung, sie zu sehen, selbstverständlich, denn ein gesunder Mensch ist eben vorwiegend ein irdischer Mensch, folglich soll er auch ausschließlich dieses Leben leben, vollständigkeits- und ordnungshalber. Kaum aber ist er erkrankt, kaum ist die normale irdische Ordnung im Organismus gestört, gleich machen sich die Möglichkeiten der anderen Welt bemerkbar, und je kränker man wird, desto mehr Berührungen mit der anderen Welt stellen sich ein, so daß, wenn der Mensch vollends gestorben ist, er einfach in diese andere Welt hinübergeht.

Zitat: Heute ist schlecht zu beerdigen!

Wieso schlecht?

Schnee, Nässe ...

Es ist ja gleich ...

Nein, scheußlich. Die Totengräber haben sicher geflucht. Und im Grab stand sicher das Wasser. – Woher soll denn im Grab das Wasser sein?

Wieso denn, hier steht eben Wasser.

Hier auf diesem Friedhof kannst du kein einziges trockenes Grab finden.

Warum?

Was heißt warum?

Hier ist überall Sumpf. So wird man denn einfach ins Wasser gelegt. Ich habe es selbst gesehen, mehrere Male.

Kommentar: Die ständige Frage ist: Bedroht der Traum die Wirklichkeit oder die Wirklichkeit den Traum? Bedroht das Wasser die Stadt Petersburg, ist Petersburg eine Anmaßung, die das Wasser nicht dulden wird? Diese Angst scheint aus den feuchten Grundmauern der Mietshäuser in die Wohnungen hochzusteigen, sie kommt mit der Flut, geht mit der Flut, ist ständige Bedrohung und auch ständige Lockung.

Zitat: Schließlich drehten sich vor seinen Augen irgendwelche roten Kreise, die Häuser wankten, Passanten, Quais, Equipagen – alles drehte sich und tanzte. Plötzlich fuhr er zusammen, vielleicht durch eine ungeheuerliche und häßliche Erscheinung wie vor einem neuen Ohnmachtsanfall bewahrt. Er fühlte, wie sich jemand neben ihn hinstellt, rechts, Seite an Seite; er sah auf – eine Frau, groß, mit Kopftuch, mit einem gelben länglichen ausgemergelten Gesicht und blutunterlaufenen eingefallenen Augen. Sie starrt ihn direkt an, konnte aber offensichtlich nichts sehen und nichts unterscheiden. Plötzlich stützte sie sich mit der rechten Hand auf das Geländer, hob das rechte Bein nach und stürzte sich in den Kanal. Das schmutzige Wasser teilte sich und schloß sich für einen Augenblick über seinem Opfer, aber schon nach einer Minute kam der Körper wieder hoch und wurde sanft von der Strömung weitergetragen.

Zitat: Ich bin am Ende. Wenn es nur nicht regnet. Denn ich will der Sonne gerade ins Antlitz sehen, wenn ich dieses Leben, das ich ihr verdanke, von mir werfe.

Es war der allerkälteste und allertrübseligste Regen, so ein gewisser bedrohlicher Regen – ich erinnere mich dessen – ein Regen von offenkundiger Menschenfeindlichkeit.

Zitat: »Niemals in meinem Leben habe ich das Wasser leiden können«, dachte er und lächelte, »nicht einmal auf Landschaftsbildern . . .«

Zitat: Plötzlich hörte man durch die Nacht und die Dunkelheit einen Kanonenschuß, dann einen zweiten. »Aha, das Signal! Das Wasser kommt«, dachte er. Gegen Morgen überschwemmt es dort unten die Straßen, überflutet Keller und Souterrains, schwemmt die Keller-Ratten herauf, und in Regen und Wind werden die Leute fluchend, triefend naß, ihren Trödel in die oberen Stockwerke bergen.

Zitat: Milchig dichter Nebel lag über der Stadt. Swidrigailow schritt über das glitschige schmutzige Holzpflaster in Richtung zur Kleinen Newa. Kein Fußgänger, keine Droschke begegnete ihm auf dem Prospekt. Ein hoher Feuerwehrturm zeigte sich rechts. »Aha!« dachte er. Da haben wir den richtigen Ort. Hier hat man wenigstens einen offiziellen Zeugen. Das große Tor war geschlossen, ein kleines Männchen, eingehüllt in einen grauen Soldatenmantel, den kupfernen Achilleshelm auf dem Kopf, lehnte mit der Schulter daran. Sein Gesicht war von jenem uralten mäkelnden Gram gezeichnet, der ausnahmslos allen jüdischen Gesichtern eigen ist.

Sie, was suchen Sie hier? fragte er, immer noch ohne seine Haltung zu ändern.

Aber gar nichts, Bruder, guten Morgen! antwortete Swidrigailow.

Hier ist nicht der Ort dafür.

Ich reise, Bruder, in fremde Länder.

In fremde Länder?

Nach Amerika.

Nach Amerika?

Swidrigailow holte seinen Revolver hervor und spannte den Hahn. Der Achilles zog die Brauen hoch.

Sie, für solche Scherze ist hier nicht der Ort.

Und warum sollte hier nicht der richtige Ort sein?

Nun, weil es eben nicht der Ort ist.

Nun, Bruder, das ist ganz egal, der Ort ist gut; wenn man dich fragen wird, so sollst du nur antworten, er ist eben nach Amerika gefahren.

Er drückte den Revolver an seine rechte Schläfe.

Sie, das ist hier nicht erlaubt, hier ist nicht der Ort dafür! belebte sich der Achilles, und seine Augen rundeten sich.

Swidrigailow drückte ab.

Zitat: Das Publikum des Pawlowsker Konzertgartens ist nach allgemeiner Ansicht an den Wochentagen ein gewählteres, als an den Sonn- und Feiertagen herbeiströmt. Das Orchester ist unbestritten das beste unter allen unseren Orchestern. Der Abend war diesmal ganz besonders schön und das Publikum recht zufrieden.

Kommentar: Die demütigste aller Gestalten Dostojewskis, gleichzeitig von hoher Sensibilität und Intellektualität, ist Fürst Myschkin, der Idiot; er ist nicht etwa verständnisvoll, er ist einsichtig; die Epilepsie, an der auch Dostojewski litt, macht Myschkin auf eine ekstatische Weise einsichtig in die psychischen Hintergründe des Verbrechens wie des Mitleids, der Sünde wie der Unschuld. Myschkin ist der kühnste Versuch, Christus als den Mitleidenden in der Literatur leibhaftig zu machen. Er ist zeitverloren und doch in der Zeit, voller Wirklichkeitssinn und doch weltfremd. Myschkin ist ein Annäherungsversuch von unglaublicher Kühnheit und voller Risiko.

Zitat: Lange irrte er durch die menschenleeren, von den Riesenschatten der Bäume verdunkelten Alleen. Er kam am Konzertgarten vorüber, dessen leere Bankreihen und Orchestersitze einen trostlosen, unangenehmen Eindruck auf ihn machten. Auf Umwegen gelangte er darauf an die grüne Bank, welche Aglaia zum Stelldichein bestimmt hatte. In den Zweigen über seinem Kopf zwitscherte ein Vogel, seine Augen suchten ihn unwillkürlich in dem frischen, jungen Laub. Und plötzlich begriff er, was ihn quälte: es war der Gedanke, daß er in diesem großen, erhabenen Fest der Natur, das ohne Ende war, das immer, immer, von seiner Kindheit an, ihn angezogen hatte, ganz und gar fremd war. Alles hat seinen Weg und sein Ziel, nur er allein steht einsam und verlassen da, fremd diesem All, ein Auswurf der Natur.

Zitat: Was soll mir eure Natur, euer Pawlowsker Park, euer Sonnenauf- und Sonnenuntergang, euer blauer Himmel und eure selbstzufriedenen Gesichter, wenn dies Freudenmahl ohne Ende damit beginnt, daß man mich, mich allein als ungeladenen Gast dabei betrachtet.

Zitat: Als ich in Pawlowsk lebte, kam Fedor Michailowitsch Dostojewski eines Abends zu mir. Wir tranken Tee. Eben hatte meine Tochter ihm das Glas gereicht, als er plötzlich aufsprang, schwankend und blaß. Nur mit Mühe gelang es mir, ihn zum Diwan zu bringen, auf den er in Krämpfen und mit entstelltem Gesicht niedersank. Sein ganzer Körper wurde stark geschüttelt. Als er nach einer Viertelstunde zu sich kam, konnte er sich an nichts erinnern und sagte mit dumpfer Stimme: Was ist mir geschehen? Ich bemühte mich, ihn zu beruhigen und bat ihn, über Nacht bei mir zu bleiben. Er lehnte das entschieden ab und sagte, er müsse unbedingt nach Petersburg zurück. Er wüßte zwar nicht mehr, warum – er wisse nur, es sei notwendig. Ich wollte nun nach einem Wagen schicken, aber er lehnte auch das ab. Lassen Sie uns lieber zu Fuß gehen, das wird mich erfrischen, sagte er. Wir gingen los, als es schon ziemlich dunkel war. Wir mußten den ganzen Park passieren, der zu dieser Zeit fast menschenleer war. Kurz vor der sogenannten Setka blieb Dostojewski stehen und flüsterte: Ich werde gleich einen Anfall haben! Um uns war niemand. Ich setzte ihn auf das Gras direkt am Weg. Er saß da etwa fünf Minuten, glücklicherweise kam aber der Anfall nicht.

Zitat: Doch der Fürst sah und hörte nicht, was rings um ihn geschah. Er wäre am liebsten aus dieser Gesellschaft geflohen. Ach, vielleicht wäre es besser gewesen, wenn sie ihn hier überhaupt niemals gesehen hätten und alles, was er hier erlebt hatte, nur ein Traum gewesen wäre.

Biographie

Dostojewski starb im Alter von 59 Jahren und publizierte innerhalb von 35 Jahren, von denen er zehn in Sibirien und viele auf Reisen verbrachte, 19 Bücher, darunter ›Schuld und Sühne‹, ›Der Idiot‹, ›Die Dämonen‹, ›Die Brüder Karamasow‹.

Geboren in Moskau am 11. November 1821 als Sohn eines Arztes.

Schulbesuch in Moskau bis 1838.

1837 Tod der Mutter.

1839, als Dostojewski 18 Jahre alt war, Ermordung des Vaters in der Nähe des Landgutes Darowaja.

1838–41 Besuch der Ingenieurschule in Petersburg.

1843–44 technischer Zeichner im Kriegsministerium.

1844–49 freier Schriftsteller in Petersburg. Übersetzte Balzac und George Sand ins Russische. Eigene Publikationen: ›Arme Leute‹, ›Der Doppelgänger‹, ›Weiße Nächte‹, ›Die Wirtin‹.

Am 23. 4. 1849 als Mitglied der Petraschewski-Verschwörung verhaftet, zum Tode verurteilt, eine Minute vor Vollstreckung des Urteils begnadigt, acht Monate Haft in der Peter- und Paul-Festung. Vier Jahre bis 1854 in der Katorga in Omsk in Sibirien.

Von 1854 bis 1857 Soldat in Semipalatinsk in Sibirien.

1857 Ehe mit Marja Dimitrijewna Issajewa.

Zwischenstation in Twer, wo er auf die Erlaubnis des Zaren wartete, wieder in St. Petersburg wohnen zu dürfen.

Ab 1859 wieder in St. Petersburg.

Publikationen: ›Ein kleiner Held‹, ›Onkelchens Traum‹, ›Das Gut Stepantschikowo‹, ›Erniedrigte und Beleidigte‹, ›Erinnerungen aus einem Totenhaus‹.

Ab 1861 Liaison mit Polina Suslowa.

1864 Tod Marja Dimitrijewnas, seiner ersten Frau.

Zweite Ehe mit Anna Grigoriewna Snitkina, die er als Stenotypistin engagiert hatte.

Reisen mit Polina Suslowa, später mit Anna Grigoriewna, nach Paris, Dresden, Bad Ems, Vevey, Florenz, Bad Homburg, Baden-Baden, Rom, Köln, Kopenhagen, Neapel, Genua, Mailand, Turin, London. Meistens ohne Geld, auf der Flucht vor Gläubigern und Verlegern, viel in Spielsälen, schrieb in Wiesbaden den ›Idioten‹. In Dresden mehrmals und längere Zeit gewohnt, der ›Sixtinischen Madonna‹ wegen, die er sehr liebte.

1868 Geburt und Tod der Tochter Sonja, 1875 Geburt, 1878 Tod des Sohnes Aljoscha. Der Sohn Mischa und die Tochter Ljubow blieben am Leben.

Publikationen bis 1880: ›Aufzeichnungen aus einem Kellerloch‹, ›Schuld und Sühne‹, ›Der Spieler‹, ›Der Idiot‹, ›Der ewige Gatte‹, ›Die Dämonen‹, ›Tagebuch eines Schriftstellers‹, ›Der Jüngling‹, ›Die Sanfte‹, ›Traum eines lächerlichen Menschen‹, ›Die Brüder Karamasow‹.

Viel Zeit verloren, viel Zeit gewonnen. Gestorben in St. Petersburg am 28. Januar 1881, 59 Jahre alt.

Statement des Dichters Josef Brodsky

Leningrad ist eine sehr schöne Stadt. Diese Schönheit ist von der Art, die entweder vom Wahnsinn erzeugt wurde oder diesen Wahnsinn in sich trägt. Dostojewski verbrachte hier den größten Teil seines Lebens. Hier liegt er auch begraben.

In seiner Rede anläßlich einer Puschkin-Feier sagte er, daß Puschkin für die russische Kultur und die russische Nation eine prophetische Erscheinung gewesen sei. Dasselbe kann man auch von ihm sagen.

Dostojewski ist der erste russische Schriftsteller, der das Thema des Absurden berührte.

Man sagt: »Ein guter Dichter ist ein toter Dichter.« Nun, Dostojewski ist tot und begraben auf dem Friedhof in der Lavra. Das Leben geht weiter, die Stadt ist nach wie vor schön und – wahnsinnig. Darin liegt die Richtigkeit, die prophetische Wahrheit Dostojewskis.

Die verhaftete Welt
Über Alexander Solschenizyns Roman ›Erster Kreis der Hölle‹
[1969]

In Solschenizyns ›Erstem Kreis der Hölle‹

»Achtung!« sagte er streng. Die sieben Gefangenen und die sieben Wachhabenden wandten sich ihm zu. »Ist die Ordnung bekannt? Den Verwandten darf nichts gegeben werden. Von den Verwandten darf nichts genommen werden. Alles geht nur über mich. Die Gespräche betreffen nicht: die Arbeit, die Arbeitsbedingungen, die Lebensbedingungen, die Tagesordnung, die Lage des Objekts. Es dürfen keine Familiennamen genannt werden. Von sich ist nur erlaubt zu sagen, daß alles gut ist und daß man nichts braucht.«

»Worüber sollen wir denn reden?« schrie irgendeiner. »Über die Politik?«

Klimentjew würdigte diese Frage keiner Antwort; sie war zu albern.

»Über unsere Schuld«, riet finster irgendeiner der Arrestanten. »Über unsere Reue!«

»Über die Anklage wird nicht gesprochen, sie ist geheim«, sagte Klimentjew ungerührt. »Fragen Sie nach der Familie, den Kindern. Und weiter: Eine neue Verfügung verbietet von heute an Händedrücken und Küssen beim Wiedersehen.«

S. 227

Nach den Instruktionen waren Tränen nicht ausdrücklich verboten, aber unangebracht waren sie auf jeden Fall.

S. 269

Zum Nachteil der Beherrschten und zum Vorteil der Herrschenden ist der Mensch aber so beschaffen, daß man ihm, solange er lebt, immer noch etwas wegnehmen kann.

S. 633

Solschenizyns ›Erster Kreis der Hölle‹ (S. Fischer 1968) hat eine ungeheure Spannweite, zahlreiche Verspannungen, einige Dimensionen: eine Prosadimension, eine geistesgeschichtliche, eine politikgeschichtliche, eine gesellschaftliche; er ist von vielen Seiten her zu vielen Seiten hin gewölbt, eine Kathedrale unter den Romanen, mit einer genau bemessenen Statik, die hält; daß er auch Spannung im herkömmlichen Sinn enthält, beruht nicht auf romanhaften Mitteln, eher auf jener Statik, für die man während der Lektüre ständig fürchtet, ob sie die verschiedenen Verspannungen und die Spannweite auch tragen wird; Spannung wird hier wie Verspannung eher zu einem architektonischen Begriff; daß der Roman außerdem zeitgeschichtliche Mitteilung enthält, ist nur eine Feststellung über den Stoff, das Baumaterial, die knappe Handlung.

Die Handlung beginnt mit einem Telefongespräch des Staatsrats zweiten Grades Wolodin, der einen befreundeten Professor vor gewissen ausländischen Kontakten warnen möchte, und dieser erste Bruch im Bewußtsein eines begabten Diplomaten, dessen Karriere mit allem eleganten Drum und Dran und allen Privilegien gesichert ist, ist nur der »Einstieg« in die Kathedrale. Das Telefongespräch findet um Weihnachten 1949 herum statt, der Roman endet knapp zwei Tage später mit der Beschreibung eines Gefangenentransports durch Moskau. In einem Lieferwagen mit der Aufschrift »Mjasso-Viande-Fleische-Meat« werden Gefangene aus dem ersten Kreis der Hölle wegtransportiert und wissen noch nicht, in welchem Kreis sie nun auskommen werden. Der Korrespondent der französischen Zeitung ›Libération‹, auf dem Weg ins Dynamostadion zu einem Hockeyspiel, liest die Aufschrift des Lieferwagens, zückt sein Notizbuch und schreibt mit seinem bordeauxroten Füllfederhalter: »In den Straßen Moskaus sieht man immer wieder Wagen mit Lebensmitteln, äußerst sauber und vom sanitären Standpunkt einwandfrei. Die Versorgung der Hauptstadt kann nur als vorzüglich bezeichnet werden.«

Der Roman umfaßt 87 Kapitel, 670 Buchseiten, sein Personal zu überschauen, ist selbst nach der zweiten Lektüre schwierig; es wäre leichter, wenn der Verlag sich entschlösse, einer neuen Ausgabe ein exaktes Personenregister hinzuzufügen, mit Angabe des Alters, des Geschlechts, der Funktion, der Stellung, der politischen Position – letzteres, weil es so viele Übergänge und Verstrickungen sowohl unter den Häftlingen wie unter den Nicht-Häftlingen gibt (über die Begriffe frei und unfrei wird später zu sprechen sein). *Verhaftet*, natürlich nicht im kriminaltechnischen Sinn, sind sie alle, ihre Verhaftung hat viele Ursachen, von denen die meisten für den Westen unbegreiflich sind. Die Tatsache, daß Solschenizyn die Publikation seiner Romane im Westen untersagt hat, ist nur unter dem so irdischen wie metaphysischen Sinn dieser Verhaftung zu verstehen. Daß er dabei – und das allein könnte ein Grund für die Sowjetregierung werden, der Berner Konvention beizutreten! – das Opfer jenes »abmachungslosen« Zustandes wurde (und mit ihm die Sowjetregierung), mag als ironische Komponente im Spiel der gegenseitigen »Publikationsfreiheit« betrachtet werden.

Es ist diese Verhaftung, die die Russen zu dem am wenigsten auswanderungsfreudigen Volk dieser Erde gemacht hat. In diesem Sinn bezeichne ich alle Personen des Romans, Häftlinge und Nicht-Häftlinge, als in der Sowjetunion verhaftet, auch politisch. Um jegliche Mißdeutung, auch böswillige Verfälschung auszuschließen: Ich meine nicht die Art Verhaftung, die durch die Polizei erfolgt, ich meine die, die einer sich selbst auferlegt: Mag die Semantik ans Werk gehen und herausfinden, was »haften an« und »haften auf«, Haft, Verhaftung alles für Hintergründe haben kann. In meinem Sinn blieb etwa James Joyce bis ans Ende seiner Tage Irland und dem Katholizismus »verhaftet«.

Die Pauschalohrfeige für die Dummheit des Westens am Schluß des Buches mag sich auf die Tatsache beziehen, daß westliche Beobachter zwar hin und wieder Zeichen sehen, manche sogar erkennen, des Entzifferungsschlüssels, nach dem diese Zeichen gedeutet werden können, aber nie habhaft werden: möglicherweise weil er täglich, stündlich, wöchentlich wechselt, der ungeheuren Masse Zufall in einem solchen Riesenreich unterliegen mag. Auch ich bin des Entzifferungsschlüssels nicht habhaft, ich bin kurzatmig, der Osten Europas ist langatmig, er ist nicht nur passionserfahren, gelegentlich passionssüchtig, er ist im wahren Sinn des Wortes passioniert und nicht erst seit der Revolution und nicht erst durch den Stalinismus.

Unter der vielfach statisch gestützten hohen Spannweite des ›Ersten Kreises der Hölle‹ werden mir nicht nur einige als ganz gut empfundene westliche Romane, werden mir ganze Ergebnisse von Literaturdekaden zu dekorativen Seitenkapellen oder Nischen, oder, da sie außerhalb dieser Kathedrale erbaut worden sind, zu Behelfs- oder bestenfalls auch eleganten Eigenheimen. Natürlich, die fürchterliche Dialektik angesichts eines solch großen Werks liegt in der Tatsache, daß es eine ungeheuerliche

Masse Leiden und Geschichte summiert und durchleuchtet. Die Form, der Ausdruck, die Art, in der Solschenizyn Prosa selbst komponiert und in Zucht hält, die bis in die letzte Freiheit *tragende* Komposition macht sichtbar, daß hier nicht nur ein großer Autor am Werk ist, sondern auch ein Mathematiker, jemand, dem naturwissenschaftliche Formeln jedenfalls nicht fremd sind. Hier ist Prosa Formelmaterial, geistige und epische Luzidität treffen aufeinander zu einer Parabel im mathematisch-physikalischen Sinn.

Wenn ich den Ausdruck Metaphysik vermeide, dann nur, weil ich für *diese* Art noch keinen Namen weiß. Jedenfalls werden hier weder Ordnungen vorgegeben oder vorgeschoben und trotzdem wird Ordnung geschaffen. Es wird »integriert« im mathematisch-physikalischen Sinn, und es mag sein, daß hier jene neue »materialistische Metaphysik« entsteht, die manche Physiker ahnen. Wie die westlichen Autoren das Dogma von der Geborgenheit ablehnen, lehnt Solschenizyn nicht etwa die Zukunft ab, er bezieht sie nur nicht mehr als Ideal-Ziel, dem Himmel der uns abhanden gekommenen Metaphysik vergleichbar, mit ein. Er summiert Gegenwart, und es darf nicht vergessen werden, daß es die Gegenwart des Jahres 1949 ist, vier Jahre vor Stalins Tod, daß dieses Buch geschrieben wurde in den Jahren 1955 bis 1964. In der Sowjetunion von 1969 verhaftet sein und verhaftet werden, ist etwas anderes als es im Jahr 1949 war.

Solschenizyn vermeidet glücklicherweise die »Sinngebung«, er notiert, registriert, entwickelt aus ihm bekannten Elementen, aus Erlebnissen und Erfahrungen, und da er nicht *gegen* vorgegebene und vorgeschobene Ordnungen angehen, nicht im Text gegen sie polemisieren muß, erreicht er eine Nüchternheit und Trockenheit, mit denen er sich gleichzeitig dem herkömmlichen, auf Optimismus getrimmten sozialistischen Realismus und auch den Intentionen des *nouveau roman* als überlegen erweist. Das liegt nicht nur daran, daß er am eigenen Leib erfahren hat, was seine westlichen Kollegen nicht erfahren haben: den Stalinismus. Es liegt auch daran, daß im Westen der Sinn für verborgenes Leiden abhanden gekommen ist: dessen eine und einzige Verwendung als Komponente sexueller Lust stellt möglicherweise den großen Frevel dar, der noch nicht erkannt wurde. Ich schreibe dem Werk Solschenizyns Offenbarungscharakter zu, einer unpathetischen Offenbarung, nicht nur über das bloß Stofflich-Geschichtliche des Buchs, den Stalinismus, auch über die Leidensgeschichte der Menschheit. Insofern ist hier der Stalinismus »nur« Anlaß, schreckenerregend genug und doch »nur«.

Den Häftlingen im ›Ersten Kreis der Hölle‹, dem Lager Mawrino in der Nähe Moskaus, obliegen verschiedene Aufgaben, die alle den Zweck haben, Überwachungsmethoden zu verfeinern und neu zu entwickeln, also weitere Gefangene zu liefern. Sie werden permanent verstrickt, sind Gefangene und doch als Forscher frei, während ihre Bewacher frei und doch Gefangene der permanenten Angst sind, verhaftet zu werden, wobei keineswegs sicher ist, ob sie das Glück haben werden, in den ersten oder das Pech, in den siebten Kreis der Hölle zu gelangen. Auf dem Weg zur Weiterentwicklung der Phonoskopie, die die Identifikation einer Person an Hand der Stimme auf Tonband ermöglicht, werden den Gefangenen fünf Stimmen auf Tonbändern übergeben, zum Vergleich mit der Stimme Wolodins, dessen Anruf aufgenommen wurde, und die sich unter den fünf Stimmen befindet. Der einzige Triumph der Gefangenen besteht darin, daß sie drei von den fünf Verdächtigen als unverdächtig ausschließen können, ihr Trost also darin, daß von fünfen nur zwei verhaftet werden, darunter Wolodin. Dessen Einlieferung ins Ljubjanka-Gefängnis wird im vorletzten Kapitel ausführlich geschildert, die Unterwerfung des Herrn Staatsrats zweiter Klasse, der schon die Flugkarte nach Paris in der Tasche hatte, unter die pedantischen, langwierigen, absurd undurchschaubaren Anfangsdemütigungen, die den Leser eindringlich daran erinnern, wie es bei der Verhaftung der ihm wohlbekannten Insassen des »ersten Kreises« zugegangen ist.

Gewiß ist es kein Zufall, daß dieser erste Kreis der Hölle ein Laboratorium ist, ein gut ausgerüstetes, gut funktionierendes Laboratorium. Stelle ich mir vor, daß die Weltraumphysiker, -mediziner, -techniker und sämtliche Hilfskräfte wahrscheinlich doch einer strikten Überwachung, einer ständigen Kontrolle durch verschiedene Geheimpolizeien, möglicherweise auch monatelang einer strengen Klausur unterliegen; daß es nicht nur chemische, technische und physikalische, sondern auch nationalökonomische und vor allem Werbe-»Laboratorien« gibt, in denen neue Manipulationsmethoden ausgebrütet, alte analysiert und weiterentwickelt werden; daß wahrscheinlich doch sogar die Träume der im innersten Kreis dieser Himmel Arbeitenden überwacht werden müssen, damit sie nichts ausplaudern – dann ist Solschenizyns ›Erster Kreis der Hölle‹ sehr rasch »entstalinisiert«, werden Gefangenschaft und Freiheit, Ahnung und Ahnungslosigkeit der Gefangenen und Freien, der Manipulierten und der Manipulierer recht relativ. Ich kenne nicht die Proportionen zwischen Bewachern und Freien etwa in einem Weltraum-Forschungszentrum, im »ersten Kreis des Himmels«, ich denke, die Proportionen und Bedingungen sind nur relativ verschieden von denen im ›Ersten Kreis der Hölle‹. Geheimwelten gibt es genug, auch Welten verborgenen Leidens, deren Offenbarung nicht sexuelles Leiden allein wäre. Insofern betrachte ich den ›Ersten Kreis der Hölle‹ als zwar an den geschichtlichen Stoff Stalinismus gebunden und doch als eine Offenbarung darüber hinaus.

Der Unterschied zwischen verhaftet sein im seelischen und im juristischen Sinn: das könnte vielleicht der Schlüssel zum Verständnis der Sowjetunion sein, die ja doch, mag's auch noch so oft abgestritten werden und mag's auch verfassungsmäßig nicht zutreffen, von Russen, von Rußland bestimmt wird. Das muß nicht bedeuten, was es immer mehr zu werden droht: imperialistisch, nationalistisch, unter Stalin auch schon wieder zaristisch. Erst bei der Lektüre Solschenizyns wird mir klar, welche Bedeutung Chruschtschows Eröffnungen über den Stalinismus im Jahr 1956 gehabt haben. Unter vielen anderen eben die eine, daß auch Solschenizyn entlassen wurde, schreiben konnte, sogar publizieren durfte. Daß er immer noch schreibt, aber nicht mehr publizieren darf, zwar in der Sowjetunion lebt, dort verhaftet ist, aber noch nicht verhaftet wurde, kann doch nur bedeuten: es ist noch nicht entschieden, ob die Sowjetregierung begreifen wird, was Politiker auf der ganzen Erde nie so recht begreifen: Daß ein Autor in der Sprache verhaftet genug ist; daß Solschenizyn als Person und als Autor, als 1918 geborener, ganz und gar von der Geschichte der Sowjetunion bestimmter Autor nicht etwa typisch oder symbolisch, daß er für die Sowjetunion gegenwärtig und wirklich ist. Die Sowjetunion könnte, wenn er nicht verleugnet und verketzert würde, stolz auf ihn sein. Schließlich geht er politisch nicht weiter als Chruschtschow in seiner berühmten Rede gegangen ist, er hat nur die Ent-Stalinisierung beim Wort genommen und zu Wort gemacht: Er ist der Sowjetunion verhaftet wie einer der »Helden« des Buches, der Häftling Rubin, der dem Sozialismus so verhaftet bleibt wie der Sowjetunion, der ganz und gar unnationalistisch und doch kein Kosmopolit ist, als Marxist, der seine eigene Häftling-Verhaftungs-

Situation genau durchschaut, seinen Bewachern weit überlegen ist. Daß diejenigen, die man die Nest-Beschmutzer nennt, meistens die sind, die das eigene Nest zu reinigen trachten, setze ich längst als selbstverständlich voraus.

Solschenizyns Buch kommt von weit her, es ist hoch gewölbt, es ist auch eine Offenbarung für die mehr oder weniger hilflos operierende westliche Literatur; es kommt aus der großen russischen Tradition, hat den sozialistischen Realismus durchgangen, überwunden, erneuert, und es ist in der Kühnheit seiner Konstruktion, die sich als statisch gesichert erweist, gegenwärtig; es hat den Atem Tolstois und den Geist Dostojewskis, vereinigt also diese beiden im neunzehnten Jahrhundert und bis in die gegenwärtige Literaturkritik als antagonistisch betrachteten Geister, und es *ist* Solschenizyn, unverkennbar. Über Camus und Sartre hinaus vollendet er die uralte Auseinandersetzung über »frei« und »gefangen«, nicht bildhaft, nicht philosophisch, sondern im Material, dem nicht nachgeholfen, nichts vorgegeben und nichts vorgeschoben wird. Die Begegnung etwa zwischen dem scheinbar allmächtigen Minister Abakumow und dem Häftling Bobynin: der zitternde Minister, der wohl weiß, wieviel Kreise die Hölle hat, und der souveräne Bobynin, der schon manchen Kreis der Hölle durchschritten hat.

In solchen Szenen, denen viele gleichzusetzen wären, wird die Einheit von Realität und Symbol nicht erfunden oder gefunden, sie ergibt sich aus dem vorhandenen Material wie das Ergebnis einer gelösten mathematischen Formel. Es wäre müßig, weitere Beispiele aufzuzählen. Wäre ich Maler und Graphiker, ich würde versuchen, den ›Ersten Kreis der Hölle‹ innerhalb eines zu erfindenden Ordnungssystems, das die Form einer riesigen Rosette haben könnte, graphisch sichtbar zu machen. Vorstellen kann ich mir eine solche Möglichkeit, Literatur einleuchtend und auf einen Blick sichtbar zu machen, nicht mit dem Total-Erkennungsanspruch einer Kritik, sondern als Hilfsmittel. Jedenfalls: Diese Prosa fließt nicht in epischer Gelassenheit dahin, sie ist kein Strom, eher ein See, der sich aus vielen Quellen, kleinen und großen, speist. Ich weiß sehr wohl, daß ich hier vielerlei und sehr verschiedene Vergleiche anwende: Kathedrale, See, Rosette; das liegt daran, daß dieses Buch so viele Dimensionen hat.

Es gibt sehr wenig Romanhaftes in diesem Roman: Auf Seite 9 telefoniert Wolodin, auf Seite 232 wird den Spezialisten in Mawrino der Auftrag erteilt, seine Stimme zu identifizieren, sie fordern Vergleichsmaterial an, bewirken damit weitere Telefonüberwachung, auf Seite 588 wird Wolodins Stimme halb identifiziert, am Ende des Romans wird er verhaftet. Etwa in der Mitte des Buches ist der Roman am meisten Roman; das von den Häftlingen angeforderte Vergleichsmaterial für die Stimme Wolodins wird aufgenommen anläßlich einer Abendgesellschaft im klassisch-üppig bourgeoisen Stil, die der Staatsanwalt Makarygin gibt, und auf dieser Abendgesellschaft laufen nun einige der sparsamen Romanfäden zusammen. Wolodin ist Makarygins Schwiegersohn, seine Frau Dotnara (genannt Dotti – man bemerke die sehr westliche Namensverkürzung, die wohl nicht zufällig an die Gewohnheiten des bei Tolstoi geschilderten Hochadels erinnert) ist ganz mit Problemen beschäftigt, die keineswegs Probleme einer klassenlosen Gesellschaft sind: Dienstboten und Ehebruch, während Wolodin in seiner Wohnung aus der Reihe der Ahnungslos-Privilegierten langsam in die Reihe der Ahnungsvollen hinüberwechselt; und es ist eben jenes Telefongespräch mit seiner Frau, das »in einer ganz bestimmten Zentrale des Nachrichtenwesens« auf Magnetophonband aufgezeichnet wird, und zwar »nachdem Rubin irgendwann im Laufe des Nachmittags darum gebeten hatte, die Ferngespräche ausnahmslos aller Verdächtigen überwachen zu lassen«. Nicht nur, daß hier der Häftling in das Leben des Herrn Staatsrat eingreift. Einige besondere absurde »Zufälligkeiten« mehr treffen hier auf der Abendgesellschaft bei Makarygins zusammen: Klara, die unverheiratete Tochter Makarygins, im Range eines Leutnants im Staatssicherheitsdienst freie Mitarbeiterin und Überwacherin im Lager Mawrino, verliebt in den Häftling Rostislaw (und jener in sie!), nimmt als erste den Hörer ab und ahnt nicht, daß in eben jenem Lager wenige Stunden später dieses Telefongespräch zur Verhaftung ihres Schwagers führen wird. Es laufen also in zwei Kapiteln einige Fäden zusammen und sofort wieder auseinander. Im übrigen ist die Unterhaltung auf Makarygins Gesellschaft sehr geistreich, es ist die Unterhaltung von Ahnungslosen, es ist Privilegierten-, es ist Prälatengerede. »Keinem der Menschen, die sich auf dem Teppich des engen Vorraums drängten, wäre es in den Sinn gekommen, daß sich in diesem schwarzpolierten Hörer, in diesem an sich unbedeutenden Gespräch jenes geheimnisvolle Verderben verbarg, das jeden von uns sogar noch im Knochen eines toten Pferdes zu finden weiß« (s. 396).

Nur in diesen beiden Kapiteln, die genau in der Mitte des Romans liegen, und das ist bei einem Mathematiker gewiß kein

Zufall, wird dem klassischen Roman ein makabrer Zoll gezahlt, wird Schicksal »zusammengeführt«. Alle anderen Schicksale, es sind zahlreiche, werden nur dokumentiert: Spiridon, Sologdin, Simotschka und Myschin, Stalin und der Häftling Dryssin, der die Briefe seiner Frau vorenthalten bekommt, sie dann nur im Büro des Majors Myschin lesen darf – »Nein, lesen Sie ihn hier. Einen derartigen Brief kann ich Ihnen nicht in die Gemeinschaftsräume mitgeben. Was werden die Gefangenen bei solch einem Brief für einen Eindruck vom Leben in der Freiheit bekommen. Lesen Sie!« Und Dryssin liest u. a.: »Lieber Wanja, du bist gekränkt, daß ich so selten schreibe, aber ich komme spät von der Arbeit und gehe fast täglich nach Brennholz in den Wald, und dann später, am Abend, bin ich so müde, daß ich geradezu umfalle ... das ist kein Leben, sondern Zwangsarbeit ... Wenn man sich wenigstens am Freitag ausschlafen könnte – aber man muß sich zu den Demonstrationen hinschleppen.« Und der völlig niedergeschmetterte Dryssin wird aufgefordert, seiner Frau einen Brief zu schreiben: »optimistisch, munter, richten Sie sie auf«. Und weiter: »Schreiben Sie eine Antwort. Eine zuversichtliche Antwort. Ich genehmige mehr als vier Seiten. Sie haben mal irgendwie geschrieben, daß sie auf Gott vertrauen soll. Also dann schon lieber auf Gott als so ...«

Der Gefangene Dryssin, dessen Schicksal im Roman auf wenigen Seiten dokumentiert wird, hat keinerlei »romanhafte« Funktion, er ist nur einer unter Millionen, und er muß auch noch aus dem Lager hinaus Optimismus und Munterkeit in die »freie« Welt hinausposaunen. Die wahnsinnige Absurdität der Verhaftung von Verhafteten, die schon in den Büchern der Tschukowskaja (›Ein leeres Haus‹) und von Jewgenija Ginzburg (›Marschroute eines Lebens‹) auf großartige Weise an Einzelschicksalen dokumentiert wurde, wird bei Solschenizyn auf eine Weise vertieft, erweitert und ent-individualisiert, die bisher keinen vergleichbaren Ausdruck gefunden hat.

Außer dem, was es sonst noch alles sein mag, ist unser Jahrhundert das Jahrhundert der Lager, der Gefangenen, und wer nie gefangen war, dem ist, mag er sich des Glücks oder des Zufalls rühmen oder schämen, *das* Erlebnis des Jahrhunderts erspart geblieben oder – das mag jeder nehmen, wie er will – entgangen. Für die Überlebenden, und das sind wir, die wir hier lesen oder schreiben, ja alle, gibt es nur die Möglichkeit, unsere Gefangenschaft zu erkennen, mag einer eine solche erlebt haben oder nicht. Wer sie erlebt hat, weiß, wie relativ Luxus ist: Mitten in der Ödnis eines Hunderttausend-Mann-Lagers sind ein Stück Seife und eine Schüssel Wasser *wirklicher*, weil vorhandener Luxus, und fünf Zwölftel von einer Zigarette, wenn eine ganze einhundertzwanzig Mark kostet und fünfzig Mark das *gesamte* Vermögen darstellen, das ist *wirklich*, nicht nur symbolisch weitaus mehr Genuß als der des Nabobs, der an einem Abend einige hunderttausend verspielt und nichts davon hat, weil er's nicht *spürt*, während der, der fünfzig Mark für fünf Zwölftel einer Zigarette ausgibt, immerhin noch weiß, daß er mit diesem Schein zu Hause seine Monatsmiete bezahlen könnte. Der Schwachsinn der westlichen Luxusgesellschaft – und ihrer Opfer, der Kriminellen, die daran teilhaben möchten, besteht ja darin, Luxus für etwas Absolutes zu halten und zu nehmen. Man muß in diesem Jahrhundert einfach wissen, daß der Besitz einer Konservendose und einer leeren Flasche für einen Gefangenen *wirklich* Leben oder Tod bedeutet, um Luxus einschätzen und genießen zu können. Auch diese Geheimphilosophie (in der ein gut Teil Theologie steckt) der Gefangenen geht unsichtbar und doch greifbar durch den ›Ersten Kreis der Hölle‹.

Greifbarer noch eine andere: die von der Liebe, der Keuschheit und der Ehe. »Ja, ja, lieben«, flüstert der junge Gefangene Rostislaw. »Lieben! Aber nicht die Geschichte, nicht die Theorie, sondern Mädchen!« Und weiter: »Aber *was* haben sie uns weggenommen? Sag es mir! Das Recht, in Versammlungen zu gehen? Staatsanleihen zu unterzeichnen? Das einzige, mit dem uns das Ungeheuer wirklich zu schaden vermochte, das war, uns die Frauen wegzunehmen! Und er hat es getan. Auf fünfundzwanzig Jahre hinaus! Der Hund!!! Wer hat eine Ahnung ... was eine Frau für einen Gefangenen bedeutet?«

Und wer hat schon eine Ahnung, was es für die Frauen der Gefangenen bedeutet, von ihren Männern jene »Freiheit« geschenkt zu bekommen, mit der sie in den meisten Fällen nichts anfangen können. Wer kann schon von einem für mindestens fünfundzwanzig Jahre Verurteilten »Freiheit« annehmen? Da entsteht, was möglicherweise in beiderseitiger Freiheit nie entstanden wäre, entsteht aus dem Material Gefangenschaft jenes im Westen so verpönte Etwas, das gar keine Tugend ist, sondern eine Eigenschaft: Treue. Die Sexqual und der Qualsex der westlichen Literatur sind ja auch nur Ausdruck einer nicht erkannten Gefangenschaft und einer absurd interpretierten Freiheit.

Daß sie – Sexqual und Qualsex – nicht nur für die sowjetische

Zensur, auch für den aufgeklärten, den bewußten Sowjetbürger, den Nicht-Ahnungslosen, völlig uninteressant sind, ist wohl eins der Zeichen, das schwer zu entziffern ist. Interessant wären sie wahrscheinlich für die übersättigte, gelangweilte Klasse der Privilegierten und Ahnungslosen in der Sowjetunion, für die auch Dienstboten ein Gesprächsthema sind. Ein ganzes Kapitel lang (Kap. 39) unterhalten sich der weibliche Leutnant des Staatssicherheitsdienstes Klara Petrowna Makarygin, Tochter eines Staatsanwalts, und der Gefangene Rostislaw im Laboratorium in Mawrino über die sowjetische Gesellschaft, über Methoden der Urkundenfälschung und über Privilegien. Und es ist der Gefangene Rostislaw, der hier den Keim der wunderbaren Zersetzung legt. Dauernd stecken diese beiden Verliebten die Köpfe zusammen. Und was flüstert der Gefangene der hochprivilegierten Tochter aus der Klasse der klassenlosen Bourgeoisie ein: »Wogegen richtete sich die Revolution? Gegen die Privilegien! Was war den russischen Menschen zuwider? Die Privilegien? Die einen hatten nur Arbeitskleider, die anderen trugen Zobel, die einen gingen zu Fuß, die anderen fuhren in Karossen. Die einen mußten dem Pfeifen der Fabriksirenen gehorchen, die anderen stopften sich in den Restaurants den Wanst voll. Ist es nicht so?«

»Natürlich«, sagt die brave, verliebte Tochter des Herrn Staatsanwalts, die am Abend desselbigen Tages in der Wohnung ihrer penetrant bourgeoisen Mama an jener üppigen Party teilnehmen wird, wo es Kristall und Silber, erlesene Speisen und Weine, geistreiche Gespräche geben wird und sogar entliehene Dienstboten; und die den Telefonhörer aufheben und das Gespräch mit ihrem Schwager Wolodin beginnen wird, das, auf Tonband aufgenommen, noch in der Nacht desselbigen Tages in eben jenem Labor, in dem sie verliebt mit dem Gefangenen Rostislaw Wadymitsch Doronin plaudert, dazu dienen wird, ihren Schwager zu entlarven.

»Richtig«, sagt Rostislaw. »Aber warum entsagen die Menschen jetzt nicht den Privilegien, sondern erstreben sie?« So geht es fort in jener wunderbaren Zersetzung des weiblichen Leutnants.

Die vielen Zitate und Anspielungen könnten den Eindruck erwecken, als handele es sich um viele Romane und Romanzen in *einem* Roman vereint. Es ist nur schwer, sich des Zitierens zu enthalten, wenn man den größten Teil der 670 Seiten zitieren möchte. Dieser Roman hat nicht den berühmt-berüchtigten epischen Fluß, er stockt immer wieder, fängt neu an, stockt wieder, hat ganze Kapitel voll bitterer Solituden und Paraphrasen, etwa auf das Thema: Besichtigungen menschenfreundlicher Kommissionen, die total, aber auch total in die Irre geführt werden. Oder die fürchterlichen halbstündigen Besuche der Ehefrauen, die manchen Gefangenen einmal im Jahr genehmigt werden. Das Stocken ist das Stocken der Lang-, nicht der Kurzatmigkeit, die den Reiz des westeuropäischen Romans ausmachen mag. Es ist eben dieser Atem, der an Tolstoi erinnert, eben jener Sarkasmus und die Feinheit der psychologischen Sichtung des Materials, die an Dostojewski erinnert. Doch es *ist* Solschenizyn, unverkennbar inzwischen, da man mehr von ihm kennt.

Es gibt da auch Spezialisten im Lager Mawrino, die sich weigern, Überwachungsmethoden weiter zu entwickeln bzw. deren Weiterentwicklung geschickt sabotieren, da nur sie, die einzig zu diesem Zweck verhafteten Spezialisten, wissen oder wüßten, wie die Methoden zu entwickeln wären. Mir erscheinen sie wie die wahren sozialistischen Wissenschaftler. Außerdem erweisen sich die weiblichen Mitarbeiterinnen, jene Leutnants des Staatssicherheitsdienstes, junge Mädchen, von denen die meisten erst nach Lenins Tod geboren sein können, als höchst unzuverlässig, während mancher Häftling sich als zuverlässig erweist. Diese Erkenntnis stimmt trotz des erschütternden Leidensmaterials fast optimistisch. Immerhin werden doch in der Sowjetunion Renten an die Opfer des Stalinismus gezahlt. Worin also mag Solschenizyns schreckliches Vergehen bestehen? Natürlich darf es in einem marxistisch angelegten und geführten Staat soviel Absurdität nicht geben, aber wird man sich auf die Dauer der Erkenntnis dieser im Stalinismus verursachten Massenverhaftung von Verhafteten verschließen können, wenn man gleichzeitig Renten an die Opfer des Stalinismus zahlt?

Einhundert Jahre nach ›Schuld und Sühne‹ und nach ›Krieg und Frieden‹ erscheint dieses Buch, leider nur im Westen, für den es nicht geschrieben ist. Es ist geschrieben für die Befreiung des Sozialismus. Wir haben keinen, nicht den geringsten Grund, über den ›Ersten Kreis der Hölle‹ als einer Darstellung stalinistischer Untaten, Absurditäten und Verstrickungen zu triumphieren. Wir haben eher Grund, uns zu fragen, ob es einem westlichen Autor gelingen könnte, die Welt der Ahnungslosen und die Welt der verborgen Leidenden in unserer komplizierten Verstricktheit derart sichtbar zu machen.

Wilde Poesie der Flüche
Über Sean O'Caseys Autobiographie
[1969]

Das Gerücht, irisch und katholisch wären kongruente Begriffe, hält sich hartnäckig, wenn es auch durch Yeats, Shaw, Beckett und Synge schon hinlänglich und weltöffentlich widerlegt ist.

Die englische Reformation und ihr Cortez, ihr Vollstrecker in Irland, Cromwell, haben das Problematische der englisch-irischen Beziehungen zwar nachdrücklich, und doch, wie ich glaube, nur scheinbar aufs Konfessionelle reduziert. Martin Walser würde hier mit Recht auf die Begegnung Caesar-Vercingetorix verweisen und den Sieg des Römischen über das Keltische beklagen. Tatsächlich ist diese Begegnung des Römers mit dem Gallier kein schlechtes Modell für die komplizierten Grausamkeiten, die verübt werden, wenn phantasieloser Ordnungssinn mit militärischer Übermacht auf phantasievolle Völker stößt, deren jeweilige »Exotik« der Ordnende nicht versteht. Neuestes Beispiel: Die Weltmacht USA, der es an Panzern, Flugzeugen, Nachschub aller Art nicht fehlt, zieht sich zurück vor einem Volk von Fußgängern und Radfahrern.

Fußgänger der Geschichte, Poeten waren es, die wider alle Vernunft Ostern 1916 in Dublin Caesar herausforderten und, ohne es zu ahnen, das Ende des Kolonialismus einleiteten. »Ein Lied überdauert die Stimme der Vögel, ein Wort überdauert die Schätze der Welt«, so heißt ein irischer Spruch: Das könnte Vercingetorix gesagt haben, als er in Caesars Zelt trat, und Caesar hätte laut gelacht. Inzwischen fällt den Zaren und Caesaren das Lachen nicht mehr so leicht. Die Weltmacht England hatte nicht viel zu lachen von Ostern 1916 an. Die geschichtlichen Auseinandersetzungen zwischen England und Irland wären keineswegs konfessionell mit »hie katholisch, hie protestantisch« auszudrücken. An allen irischen Freiheitsbewegungen jedenfalls waren Protestanten heftig und führend beteiligt.

Ein wenig von der vielstöckigen Kompliziertheit englisch-irischer und protestantisch-katholischer Beziehungen muß ich hier andeuten, um halbwegs der Autobiographie eines weiteren Iren protestantischer Herkunft gerecht zu werden: Sean O'Casey.

Das sechsbändige Werk hat biblische Ausmaße und biblische

Größe. Diese wilde Flut von Seligpreisungen und Flüchen ist das protestantische Gegenstück zu Joyces ›Ulysses‹, noch nicht so recht als solches erkannt und doch die notwendige Ergänzung, kein Jota weniger irisch, kein Jota weniger »blasphemisch«. Die aufgeklärte Intelligenz hat den Propheten Joyce schon früh erkannt, die neue Linke hat ihren Propheten O'Casey offenbar noch nicht entdeckt. Seine Autobiographie enthält hinreichend Theorie und praktische Beispiele zum Thema Repression in Schule, Kirche, Ehe, Kulturleben. Mir scheint, die neue Linke hat bisher zuviel »Theologie« gelesen und zuwenig Bibel. Hier wird Bibel vorgelegt.

Ausführlich und handgreiflich ist mit diesen sechs Bänden die Biographie eines Dichters gegeben, der wie kein zweiter Anspruch auf einen Titel hätte, den die gebildete Gesellschaft bisher nur als herablassendes Klischee sich hin und wieder entrungen hat: Arbeiterdichter. Ob je einer auf die Idee kommen würde, bei Kafka von Angestellten- und bei Goethe von Beamtendichtung zu sprechen? Man sollte O'Casey zur Pflichtlektüre für die Gruppe 61 machen (und natürlich auch, zum Nachholen und zur Erfrischung müder Herzen, für die Gruppe 47).

Sean O'Casey war achtzig, als er starb, streitbar und umstritten bis zum letzten Atemzug. Umstritten zu sein ist freilich meiner Meinung nach der einzig mögliche Status eines Autors, mag ihn der Streit auch gelegentlich ärgern. Als O'Casey vierzehn war, verdiente er vier Schillinge die Woche als Lagerist, obwohl er einer privilegierten Schicht angehörte, die er selbst so beschreibt: »Wir Evangelischen waren irgendwie doch ein besserer Menschenschlag als die armseligen Katholiken.« Im Detail hört sich das so an: »Als Protestant und Angehöriger der Belegschaft fegte er nicht weiter (als bis zur Türschwelle), sondern überließ den Kehricht einem katholischen Lehrjungen, der ihn dahin beförderte, wo er vielleicht von den städtischen Straßenkehrern abgeholt wurde.« (O'Casey spricht in seiner Autobiographie von sich auch in der dritten Person.)

Man sieht: Der Sprung von Sean O'Casey zu Bernadette Devlin ist weniger weit als ein Katzensprung. Der zum Klassengegensatz eingetrocknete Konfessionsgegensatz war im nichtbefreiten Irland von 1898 so problematisch, wie er im Ulster des Jahres 1969 immer noch ist. Der Großvater von Miß Devlin wurde, weil im Burenkrieg verwundet, mit einer Straßenkehrerstelle belohnt; er durfte wahrscheinlich dann den Kehricht von den Schwellen protestantischer Lagerhäuser wegfegen.

O'Casey hat die kümmerlichen Vergünstigungen, die ihm seine protestantische Herkunft einbrachte, nie lange wahrgenommen. Unbekümmert um die moralischen Folgen gibt er zu, daß er später seinen heuchlerischen Chef, gemeinsam mit einem katholischen Kutscher, ausgiebig bestahl, als ausgleichende Gerechtigkeit für seinen und des Kutschers himmelschreiend »christlichen« Lohn. Unbekümmert schreibt er außerdem: »Und eines Tages sagte er in einem Anfall von Bosheit zu einem der evangelischen Flüsterer, er würde lieber das Mieder eines Mädchens als ein Gebetbuch öffnen.«

Mit dreizehn erst lernte O'Casey, zeitlebens mit einem schweren Augenleiden behaftet, von seiner Schwester das Lesen – nach protestantischen Schulerfahrungen, die ihn zu der Bemerkung veranlaßten: »Verflucht sei jede Schule, die je gebaut, verflucht sei jeder Lehrer, der je geboren wurde.«

Das schrieb nicht einer, der Schule und Schulbildung verachtete; es war einer, der leidenschaftlich Bildung begehrte. Der Fluch galt dem konfessionellen Schul*system*. O'Casey haßte und verachtete nur den von Prügel und Kriecherei bestimmten Weg, auf dem ihm Bildung geboten wurde. Er las und lernte mit einer hungrigen, leidenschaftlichen Intensität, wie ich sie nur noch aus den Autobiographien von Jack London und Maxim Gorki kenne. Mühsam entzifferte sich O'Casey seines verstorbenen Vaters kleine Bibliothek, jedes Buch war für ihn DAS BUCH; jeden Groschen gab er für antiquarische Bücher aus, entdeckte Shakespeare, die Poesie der ganzen Erde.

Wie das herablassende Wort »Arbeiterdichter« (an dem freilich die, die den Titel annahmen, mit schuld sind) nie zutraf, so traf auch das ebenso herablassende Wort »Autodidakt« nie und nicht auf O'Casey zu. Welcher Dichter hat, was er als Dichter lernte, je auf dem üblichen Bildungsweg gelernt? Und wer muß nicht, wenn er zu schreiben anfängt, manchmal mühsam das Gelernte und Angelernte von sich werfen, um als »Autodidakt« wieder anzufangen?

Das sind Herablassungsklischees einer Bildungswelt, die bisher wenig Schöpferisches hervorgebracht hat. Der größte Teil der neueren Literatur ist doch in die ehrenwerten wie erdweiten Gefilde des Kleinbürgertums verwiesen und nicht selten in jene Übergangsschicht, wo der materielle Standard schon unter dem proletarischen liegt.

Es ist dieses herabgekommene und herabkommende Kleinbürgertum, für das bis auf den heutigen Tag Bildung so schwer zu erlangen ist wie für Arbeiter. Knut Hamsun war, Eyvind Johnson ist ein »Arbeiterdichter« wie O'Casey, der um die vierzig war, schon viel politische und soziale Geschichte nicht nur erlebt, auch aktiv mitgemacht hatte, als er bekannt zu werden begann.

Leichtgemacht wurde es ihm und hat er es sich nie. Er hatte nicht nur Respekt vor dem großen William Butler Yeats, er bewunderte ihn, und doch gab er Yeats nicht nach, wenn es bei seinen Stücken um außerliterarische, bloß diplomatische Argumente ging. Gewiß war es für Lady Gregory und Yeats nicht leicht, angesichts des zwiekirchlich heuchlerischen Moralismus ihr geliebtes Abbey-Theatre zu halten. O'Casey machte es ihnen nicht leichter, er war hartnäckig, radikal, kompromißlos, unvernünftig, ob er nun mit dem englischen Premier MacDonald über die Arbeiterbewegung, mit anderen englischen Politikern über das »irische Problem« sprach, oder ob Frau Shaw ihm diplomatische Ratschläge gab.

Er haßte Bevormundung, er ging aus Irland weg wie so viele vor ihm und nach ihm. Wir wollen uns nicht einbilden, das Problem emigrierender und emigrierter irischer Schriftsteller wäre lediglich auf zwieklerikale Einflüsse zurückzuführen. Es liegt auch daran, daß Irland weniger Einwohner hat als die beiden Berlin. Man stelle sich nur vor, alle deutschen Autoren hätten in Berlin gelebt und lebten dort: Was würde sich da an Bosheit, an Intrigen sammeln, an gemeinsam kirchlich-sozialdemokratischem Moralismus auf Publikationen einwirken Ich schätze, das Telephonbuch für die ganze Republik Irland ist kleiner als das Berliner Telephonbuch. Und natürlich sammelt sich in einem kleinen Land alles in der Hauptstadt, in Dublin, das kaum soviel Einwohner hat wie Köln. Man stelle sich erst einmal das vor: alle deutschen Autoren in Köln!

O'Casey verließ Irland, verbittert, böse – und gewiß waren andere verbittert über und böse auf ihn. Er machte nicht halt vor den heiligsten aller heiligen Kühe. Er schrieb in der Emigration diese eintausendsiebenhundertsechzehn Seiten Poesie, voll sprachlicher Kraft und blasphemischer Wildheit, grob und zart, gerecht und ungerecht, subjektiv und objektiv, bockig und verbockt, gelegentlich weitschweifig und weit herholend, fromm, wenn es um Menschen und ihre Zukunft geht.

O'Casey kennt keine Grenzen, er macht nicht halt vor der Verehrungsstätte jener Heiligen, von der Miß Devlin ihren Vornamen hat; er macht nicht halt vor dem heiligmäßigen Matt

Talbot, einem irischen Arbeiter, der sich kasteite, irdischen Lohn verachtete – und prompt von den Unternehmern beider christlichen Konfessionen gegen Streikende, Gewerkschaftler, gegen »Materalisten« ausgespielt wurde. Und auch die heiligen Kühe Chesterton, Belloc, Knox und Orwell werden nicht geschont.

Wieso haben sich die Theologen im Laufe der Geschichte dazu herabgelassen, die Wildheit des Alten und die lebensgefährliche Sanftmut des Neuen Testaments mundgerecht zu verharmlosen, handlich den Katechismen anzupassen, Krieg und wieder Krieg, Ausbeutung und wieder Ausbeutung und noch einmal Ausbeutung und wieder Krieg in peinlich gehorsamsgeübten römischen, deutschen, anglikanischen, zaristischen etc. Kirchen als Recht zu verkünden? O'Casey schleudert den Kirchen ihr Latein und ihre Theologie in wilder poetischer Verstümmelung zurück. Sind die Blasphemien eines Joyce, der beißende Spott eines Shaw, die »Zersetzung« eines Beckett – lauter Iren – nicht die einzig mögliche Antwort auf die Reduzierung beider Testamente auf einen pflichtbedingten unfrohen Alltag?

Es ist nicht mein Problem, wie Irland mit seinem »Nestbeschmutzer« O'Casey fertig wird; kleine Länder mit einer Geschichte voller Demütigungen haben ein Recht auf Empfindlichkeit. Große Länder haben kein Recht auf Schonung. Die Nestbeschmutzer sitzen ohnehin immer mitten im Nest; die, die man so nennt, meistens draußen. Es ist sehr schwer, ein Nest von draußen zu beschmutzen.

Leider verschweigt auch O'Casey sich selber einiges: den Stalin-Hitler-Pakt zum Beispiel. Und wenn er Hitler einen »guten Katholiken« nennt, so ist das ein peinliches Mißverständnis mitteleuropäischer Konfessionsproblematik. Ich erwarte von einem alten Kardinal nicht, daß er öffentlich abschwört, überläuft, seinen Glauben preisgibt, und O'Casey war ein »alter Kardinal« des Kommunismus. Ich sehe nur, wem er die sechs Bände gewidmet hat: seinen Söhnen und der Jugend aller Länder, jeder Farbe, jeden Glaubens; dem schottischen Dichter MacDiarmid; zwei Bände den römisch-katholischen Theologen O'Hickey und McDonald, einen Band einem evangelischen Pfarrer.

Es ist nicht Zufall, daß er, der die Kirchen fürchterlich beschimpft, drei der sechs Bände Klerikern widmet, die er verehrt und in seinem Werk ausführlich würdigt. Es gab Mißverständnisse zwischen ihm und Yeats, sogar zwischen ihm und Lady Gregory, die er verehrte. Ich habe den Eindruck, als wäre

O'Casey einer der undiplomatischsten Dichter gewesen, die je gelebt haben – und ich halte das für ebenso schmeichelhaft wie seine »Umstrittenheit«. In seiner Autobiographie hebt er auch – und das ist wunderbar an ihr – das dumme Alternativ-Klischee »engagiert« oder »nicht engagiert« auf. Dieses Klischee ist gar nicht auf ihn anwendbar. Gern würde ich von manchem erklärten Nicht-Engagierten soviel poetische Kraft, soviel Wortsinn, Wortspiel, Wortwitz, soviel Wörtlichkeit lesen.

Es wäre schade, wenn dem ersten Band der Autobiographie, ›Ich klopfe an‹, mehr Kredit gegeben würde als den folgenden. In allen Autobiographien gelingen die Kindheiten am besten, und das liegt nicht an den Autoren, sondern an der Poesie der Entfernungen: Je näher einer an die kälteste aller kalten Heimaten gerät, ans Grab, desto wärmer wird in der Erinnerung das Nest, aus dem er gekommen ist. Und O'Casey hatte ein bitter armes Nest, aber ein warmes: Was er über seine Mutter schreibt, macht auch sie biblisch (ähnlich biblisch-großartig hat O'Connor über seine irdische Mutter geschrieben; ähnlich schreibt O'Casey über seine Frau).

Als der alte Shaw im Sterben lag, wollte er Eileen O'Casey-Carey in der Nähe haben, und er sagte zu ihr: »Es ist sehr schön, das Streicheln einer weichen irischen Hand zu fühlen und den Klang einer weichen irischen Stimme zu hören.« Damit ist viel gesagt, mehr, als ich ausdrücken kann. Über Irland.

Ein Satz aus der Geschichte: Der Ort war zufällig [1969]

Blättere ich die Notizen vom Jahr 1966 Tag für Tag durch, dann habe ich den Eindruck, die Bewegungen und Tätigkeiten eines nicht no-, sondern motorisch Verrückten zu verfolgen, der mir fremd ist. Unzählige kleine, drei große Reisen, ein Umzug, ein Umbau, nebenbei ein Buch geschrieben, dem man seine »Ruhe« nachrühmte; eine seltsame, mir fremde Bezeichnung für ein Buch, das zwar mit einiger Sorgfalt und doch zwischen Tür und Angel geschrieben wurde. Dieser motorisch verrückte Fremde, dem man innere Ruhe nachrühmt, steht kopfschüttelnd vor dem Protokoll seiner unzähligen Bewegungen und Tätigkeiten, das er – auch für ihn selbst schwer leserlich – verfaßt hat, um Buch über die »verlorene Zeit« zu führen. Das Protokoll weist keinerlei innere, nur äußere Bewegung nach: Reise nach X, weiter nach Y, wieder nach X; hier und da und dort das und das gelesen, hauptsächlich Dostojewskij, alle Tagebücher, Romane, Erzählungen, Briefe, die übersetzt und erreichbar sind; aus Taschenbuchausgaben Blätter herausgerissen, Stellen angestrichen, Seitenzahlen notiert. In der Bundesrepublik, in Irland, in Frankreich, in der DDR, in Holland, in Belgien, in einem Eifeldorf, in Köln, in der Sowjetunion, in Georgien.

Ich greife willkürlich einen Ort heraus: Auf der Rückfahrt von Metz nach Köln, zwischen Metz und Saarbrücken auf der Landstraße, stutze ich plötzlich vor einem Ortsschild, das mir zunächst nur bekannt vorkam, dann, als ich hielt und nachdachte, eine ganze Kette vielschichtiger Erinnerungen auslöste. Ich konnte weder den Ort noch die Erinnerungen umgehen, ich mußte hinein und hindurch. Ich hatte das Städtchen schmutzig und von Menschen – hauptsächlich deutschen Soldaten – wimmelnd in Erinnerung: zweiundzwanzig Jahre später um die Mittagszeit erwies es sich als sehr sauber und fast menschenleer. Irgendwo mußte es auf einer ansteigenden Straße eine große Kaserne geben; hier, wo ich parkte, am Markt ein Hotel, ein Restaurant und die Kirche. Das Restaurant war da, das Hotel – etwas abseits die Kirche; die Topographie meiner Erinnerung stimmte nicht mit der gegenwärtigen überein: ich hätte die Kirche, das Hotel und das Restaurant anders plaziert; diese topographische Verzerrung blieb – der Ort kam mir kleiner vor als damals, und zweiundzwanzig Jahre später hätte ich den Weg zur Kaserne zurück nicht mehr gefunden. Vor zweiundzwanzig Jahren kannte ich fast jedes Haus in der kleinen Stadt, weil ich überall nach Quartier für meine Frau fragte, die an den Wochenenden herunterkam. Jetzt erkannte ich kein Haus wieder, und die Erlebnisse, an die ich mich erinnerte, fanden keinen Ort und keinen Platz; die Erinnerung hatte sich selbständig gemacht, der Ort war belanglos, beliebig, austauschbar geworden. In einer der Nebenstraßen war eine schmuddelige Absteige gewesen, deren Besitzer immer gekränkt war, wenn Ehepaare bei ihm Unterkunft suchten; der Aufschlag für illegitime Rendezvous war erheblich, eheliche Rendezvous waren an den Tarif gebunden und brachten weniger ein. Auf den Bettüchern dieser Absteige waren gewöhnlich deutliche Spuren jener schwarzen Stiefelwichse zu sehen, wie die deutsche Wehrmacht sie an ihre Fußtruppen ausgab. Es ging rauh zu im Gewerbe: im voraus zu zahlen, bitte, und bitte, keine Zimperlichkeiten, es ist Krieg, meine Damen und Herren, Abschied und Tod, die im Krieg nah miteinander verwandt sind, stehen immer vor der Tür. Später glättete ich, wenn ich Quartier bestellte, den Unmut des Besitzers, indem ich, obwohl legitim verheiratet, einen freiwilligen Illegitimitätszuschlag bezahlte. Nichts ist peinlicher als das Gefühl, ein unwillkommener Gast zu sein. Wenn große Abtransporte bevorstanden in jene Gefilde, die man pathetisch als »Front« bezeichnet, war das Städtchen überschwemmt mit Müttern, Mädchen, Ehefrauen; war seine Einwohnerzahl schon durch die Soldaten verdoppelt, so stieg sie jetzt an solchen Tagen fast aufs Dreifache an, und die Zimperlichen blieben auf der Strecke; man sah Paare und Pärchen noch nach Mitternacht von Tür zu Tür ziehen, bettelnd um die Gunst, wenigstens im Wohnzimmer oder in der Küche die Nacht auf Stühlen oder Sofas verbringen zu dürfen. Es ist kalt draußen in Februar- und Märznächten. Möglicherweise stellen sich Zivilisten vor, Soldaten vor dem Abtransport würden besonders freundlich und liebevoll behandelt, da sie ja dorthin fahren, wo das Vaterland ihrer angeblich bedarf, um Großes zu bewirken. Das Gegenteil trifft zu: Die letzte Ehre, die einem lebenden Soldaten erwiesen wird, besteht darin, ihn bis zum letzten Augenblick anzuschnauzen, zu schikanieren, zu verdächtigen, zu demütigen. Um so peinlicher wirkt jede feierliche Ehre, die man toten Soldaten erweist. Wer wird je die Geschichte jener unzähligen letzten Umarmungen, Küsse, endgültigen Abschiede schreiben, die an jenen winzigen Orten fällig waren, wo Soldaten vor ihrem Abtransport ein letztes Mal ihren Mädchen, Frauen, Bräuten, Müttern und Vätern oder Geschwistern begegneten? Wie menschlich ist selbst die schmutzigste aller schmutzigen Absteigen, verglichen mit einer Remise, einer Waffenkammer, einer Wachstube oder einem Kasernenzimmer, in dem Soldaten wohnen, und dem man bis auf den heutigen Tag den neckischen Namen Stube gibt? Wer Glück hatte, einen Freund oder nur einen Bestechlichen auf der Wache, durfte, wenn der wachhabende Unteroffizier schlief, mit seiner Auserwählten in eine leere Arrestzelle gehen, die hinter dem Paar verriegelt wurde. Die Moral selbst der zimperlichsten Dame sinkt erheblich, wenn sie gegen zwei Uhr morgens immer noch frierend mit ihrem Kavalier durch die öden Straßen eines öden Kaffs irrt und keine Herberge gefunden hat; sie ist bereit, sich durch die Wache schmuggeln zu lassen und in einen Woilach gewickelt in einer Futterkrippe zu schlafen, mit jemandem oder allein. Schließlich haben Vorschriften nur einen einzigen Sinn, sollten sie nur ein Schicksal haben: umgangen zu werden, und schließlich werden zwei Menschengruppen auf die schnödeste Weise in den Tod geschickt: Häftlinge und Soldaten. Natürlich steht das nicht in den Landserheften. Es grenzt an Obszönität, und es hebt keineswegs die Wehrfreudigkeit, wenn ich außerdem noch bekanntgebe, daß in diesem stillen, fast verschlafenen lothringischen Städtchen die system- und kriegsbedingte Schikane um ein Vielfaches gesteigert wurde durch liebenswürdige Vorgesetzte, die gerade jenen Ausgang und Urlaub sperrten, von denen bekannt war, daß sie Besuch erwarteten. In jeder Armee läßt sich jegliche Willkür innerhalb des Systems legal verankern: man kann jemanden zur Feuer- oder Fliegerwache einteilen, man kann an seiner Uniform einen Makel finden, man kann ihn provozieren, bis er ausfällig wird; man kann ihn notfalls warten lassen, einfach warten lassen auf die Unterschrift, während man selbst mit seinem weiblichen Besuch auf seiner Stube hockt und von einer Schallplatte das Lied ›Tapfere kleine Soldatenfrau‹ abspielen läßt. Die Absurdität im Krieg verlorener Zeit, bis zum Irrsinn verletzter Sensibilität kann man ausdehnen, während vor dem Tor die Frauen warten: Huren, Mütter, Bräute, Ehefrauen.

Zweiundzwanzig Jahre später gab die kleine Stadt keine Reliquien her, keinen Fetisch, an dem die Erinnerung sich sinnlich hätte festhalten können: Häuserfronten, Straßenpflaster, Straßennamen, Kneipen: nichts. Nichts. Der Ort war zufällig, belanglos. Was heraufkam, war die lange verdrängte oder nur aufgeschobene Erinnerung an ein System der Zwangsgemeinschaft, das um so unmenschlicher war, weil es auch noch Ehre und Ehren zu vergeben hatte, und das immer noch Ehre genießt und sich anmaßt, diejenigen an Denkmälern zu ehren, die es bis zum letzten Augenblick ihres Lebens schikaniert, gedemütigt und wie Dreck behandelt hat.

Ich blieb nicht lange dort, kaum so lange, wie man braucht, um eine Zigarette anzuzünden und zu Ende zu rauchen; ich guckte in ein paar Schaufenster hinein und sah, was man überall sieht: Transistoren, Elektrorasierer, Waschmaschinen. Die Erinnerung wurde nicht warm, sie blieb kalt. Schließlich war ich in vielen Kasernen gewesen und hatte in allen das Gleiche erlebt: diese Stimmung vor dem Abtransport, diese immer wieder verzögerten Abschiede, von denen jeder der letzte zu sein schien, bis dann doch noch der allerletzte und der allerallerletzte kam, und noch einer – und die Soldaten fast froh waren, wenn sie in die Güterwagen stiegen, die für acht Pferde oder vierzig Menschen bestimmt waren. Gewiß war das der Sinn dieser bis in die allerletzte Grausamkeit ausgetüftelten Schikanen: den endgültigen Abschied zwar nicht leicht zu machen, ihn aber wie eine Erleichterung zu empfinden. Wer nur einmal jemand zum Zug brachte und eine Viertelstunde bis zur Abfahrt am heruntergekurbelten Fenster stehend Banalitäten austauschte, kennt diese grausame Sorte Erleichterung, empfand wohl auch die grausame Poesie des banalen Dialogs, der unter dem Zwang der Abfahrtszeit geführt wird, während man auf die Bahnhofsuhr blickt.

Ich warf meine Zigarettenkippe in die Gosse, stieg ins Auto ein, fuhr weiter. Selbst der Bahnhof, an dem ich vorüberkam, war mir fremd, nicht einmal seine Uhr brachte Wärme oder Farbe in den kalten Haß meiner Erinnerungen, und ich hatte doch so oft auf die Zeiger dieser Uhr geblickt, wenn Züge abfuhren oder ankamen. Als ich weiterfuhr, erwärmten sich einige Details, es tauchten sogar Blumen auf; sie hatten in dem Zimmer gestanden, das der Kantinenpächter innerhalb des Kasernenbezirks als Absteige im Kantinengebäude eingerichtet hatte und kostenlos jenen zur Verfügung stellte, die Ausgangssperre und Besuch hatten. Im Grau, im Schmutz und im schmutzigen Grau meiner durch Haß fixierten Erinnerung war kein Platz für Blumen. Sie paßten nicht, und sie paßten mir nicht: Ich drehte das Autofenster herunter und warf die Blumen hinaus.

Was ist angemessen?
[1969]

Das Wort adäquat erfreut sich einer gewissen modischen Beliebtheit, es wird auf Bücher, Konzerte, Theateraufführungen angewendet, meistens in seiner Negation und in Verbindung mit dem Wort Gesellschaft, indem man von einer Sache behauptet, sie wäre gesellschaftlich oder der Gesellschaft nicht adäquat. Das Wort ist hübsch und hat jenen leichten Bildungs-Hautgout, der immer schon modisch war, sanften Terror ausübt auf jeden, der nicht sofort weiß, was es bedeutet und, um sich keine Blöße zu geben, übereinstimmend nickt. Schaut man dem Wort auf die hübschen Finger, stellt sich heraus, daß es vom lateinischen adaequare abstammt, was gleichmachen, einordnen, auch anpassen und angleichen bedeutet, etwas freier auch mit glätten übersetzt werden kann. Als Fremdwort hat es gewöhnlich die Bedeutung von angemessen. Wenn etwas als nicht – oder hübscher inadäquat bezeichnet wird, bedeutet das, es ist unangemessen. Für das ehrbare Handwerk der Schneider, die Maßanzüge oder Maßkonfektion herstellen, wäre das Wort adäquat eine nette Fremdwortbereicherung des Vokabulars. Immerhin haben Schneider ein Maß, mit dem sie messen, und von einem Maßanzug, der wirklich sitzt, könnte man behaupten, er sei adäquat. Auch bei Beckmesser war das Maß bekannt: sein Maß war die Beckmesserei. Wer mißt, Angemessenes von Unangemessenem unterscheidet und, indem er solche Messungen vornimmt, als maßgebend gibt, sollte gezwungen werden, sein Maß herzuzeigen, auf daß jeder sich daran erbaue. In einer Gesellschaft, wo strikte Maß-Ordnungen durch Legislative und Exekutive gesichert sind, hätte das Wörtchen einen legitimen Platz. Sowjetische Kulturfunktionäre finden offenbar Alexander Solschenizyns Werk und seine Person als ihrer Gesellschaft inadäquat – ich z. B. finde das nicht: ein wochen-, wahrscheinlich monatelanges Gespräch wäre notwendig, könnte ich mein Maß mit dem der sowjetischen Funktionäre vergleichen. Jahrhundertelang hat die kirchliche Indexkommission Werke der Literatur für unangemessen erklärt und sie schlichtweg den Gläubigen und Gehorsamen als Lektüre verboten. Das System funktionierte, so lange die Exekutive im Beichtstuhl, auf der Kanzel und im Religionsunterricht funktionierte. Dieser kirchenimmanente Strafvollzug scheint keine Wirkung mehr zu haben – und die römische Legislative ist in puncto Index verstummt; ihre Vollzugsgewalt lief immer neben einer gesellschaftlichen Entwicklung her – und inzwischen ist ihr die Gesellschaft davongelaufen. Ich nenne diese beiden Beispiele, die in vielen Details sorgfältig voneinander zu unterscheiden wären, weil in ihnen Maß und maßgebende Gewalt erkennbar sind. In einer Gesellschaft, die sich pluralistisch gibt, demokratisch, und in der die freie Marktwirtschaft propagiert wird, hat, auf kulturelle Begebenheiten angewendet, das Wort adäquat keinen Platz. Nichts mehr ist angemessen und nichts mehr unangemessen; eine solche Gesellschaft besteht dann aus gegeneinander und gelegentlich miteinander protestierenden Minderheiten, die ihr Maß, ihre Moral der gesamten Gesellschaft vortragen. Ein Kritiker, der da noch mit den Worten adäquat oder inadäquat operiert, müßte schon das politische, moralisch ästhetische Maß der Minderheit, die er vertritt, zu vertreten oder in seiner Person darzustellen glaubt, bekanntgeben. Unverbindlich in irgendwelche Texte hineingestreut, ist es uns ein peinliches verdächtiges Füllsel. Unsere Gesellschaft als Ganzes ist maßlos in der doppelten Bedeutung des Wortes. Wer ist in ihr *maß*gebend?

Ich habe kürzlich zwei Fernsehfilme gesehen, in denen Maß gezeigt und gegeben wurde. Der erste war ein Bericht über einen Wettbewerb im *Gesellschafts*tanz. Der böseste Autor hätte in einer sehr bösen Satire das Unangemessene des gesellschaftlich Angemessenen nicht besser darstellen können, als es in dieser gespenstischen Reportage geschah. Der Tanz in seiner total perfekten, gänzlich denaturierten, marionettenhaften Form wurde als der angemessenste, der preiswürdigste prämiert, und die Lorbeeren verteilte ein »angesehener« Politiker. Als Satire, als Fiktion wäre nach meinem Augenmaß die ganze Veranstaltung durchaus preiswürdig gewesen, als erfundene Wirklichkeit. Aber sie war nicht erfunden, es war die Wirklichkeit selbst, und das Lachen blieb mir im Hals stecken. Hier wurde Maß genommen und Maß gegeben, und offenbar ist mein Augenmaß nicht mit dem dieser gesellschaftlichen Hierarchie synchron. Die gesellschaftliche Hierarchie zeigte sich meinen Augen in ihrer Verzerrung – und es mag sein, daß ich ihr verzerrt erschiene. Nach meinem politischen und ästhetischen Augenmaß war diese Veranstaltung unangemessen, und besser als je zuvor verstand ich die absurdesten Formen des absurden Theaters und noch besser alle jene, die den Bannkreis zwischen Kunst und Dilettantismus aufbrechen wollen. Wenn Amateure so marionettenhaft perfekt tanzen und doch in ihrem verzerrten Ehrgeiz so weit von professionellem Tanz entfernt sind, wenn sie sich derart zur Schau stellen und doch jeden Show-Charakter ihrer Veranstaltung ablehnen würden, wenn sie ohne auch nur einen Funken Ironie agieren, dann wird der Ernst tödlich, tödlicher als bei einem Hippie-Fest.

Der zweite Fernsehfilm, der mir die Augen öffnete, war ein Bericht über das Leben der englischen Königsfamilie, einer Familie, die in extremem Maß repräsentativ ist und repräsentieren muß, eine im Sinne des Worts maßgebende Familie. Es wurde gezeigt, was für eine Königsfamilie adäquat ist und für gewiß große Teile nicht nur der englischen Gesellschaft Maß hergibt. Es war ein trauriger Film. Es geht hier nicht um Royalismus, dafür oder dagegen, es geht nicht um die Familie Windsor, es geht um das Wesen des Adäquaten in seiner repräsentativsten Form. Nachdem ich diesen Film gesehen habe, frage ich mich, ob man es Menschen, auch wenn sie Könige oder königlich sind, zumuten darf, in derartiger Verpuppung zu leben. Der Film war – nach meinem Augenmaß – dann am schrecklichsten, wenn die königliche Familie in ihrem ganz »normalen Alltag« gezeigt wurde. Eine junge Frau fährt in einem nicht sehr komfortablen Auto zum Dorfladen, um ihren kleinen Jungen ein Eis zu kaufen: bitte! Im privaten Familienkreis erzählte sie Anekdoten über die Ur- und Ururgroßmutter, die in diesem Fall zufällig Königin Viktoria hieß; lauter Banalitäten, rührend; wer hätte nicht irgendwo in seiner Ahnenreihe eine Großmutter aufzuweisen, die auch in extrem komischen Situationen Haltung bewahrte, was bedeutet, die *nicht* aus der Rolle fiel, was wieder bedeutet, die sich immer angemessen verhielt? Was halten – wie es in diesem Film gezeigt wurde – die Staatsoberhäupter zweier großer Nationen für eine adäquate Unterhaltung, wenn sie miteinander vor der Fernsehkamera zusammentreffen? »Die Weltprobleme sind komplizierter geworden« sagte Präsident Nixon zu Königin Elizabeth. Banaler kann man das Rassenproblem, Vietnam, Biafra, den Nahostkonflikt, die Situation der CSSR nicht umgehen. Liegt in solch einer fürchterlichen Banalität die Maßlosigkeit des Angemessenen verborgen? Ich weiß es nicht, weil ich meinen Augen und meinen Ohren nicht traute. Einer fürchterlichen Logik gemäß war in diesem Film die königliche Familie da am wenigsten natürlich, wo sie als besonders natürlich gezeigt werden sollte; privat, beim Picknick, bei der Weihnachtsbescherung, und die beiden kleinen Königskinder, die da neckisch, lustig, vollkommen natürlich vor der Fernsehkamera eine Schneeballschlacht improvisierten, auch sie waren angemessen, sie bewiesen: seht, wir benehmen uns ganz natürlich. Auch wir sind Menschen. Wer hat und wer hätte das je bezweifelt? In den übrigen Teilen des Films, wo das Zeremoniell und die Arbeitsroutine gezeigt wurde, entstand, ohne daß die Mitwirkenden, der Autor, der Regisseur und der Kameramann es gewollt hätten, nach meinem Augenmaß eine perfekte Satire. Es war keine, es war reportierte Wirklichkeit, und ich muß mich fragen, ob meine Augen noch richtig justiert sind. Es geht mir ähnlich, wenn ich Protokollzeremonielle auch demokratischer oder sozialistischer Länder reportiert bekomme. Dieses sinnlose Aufmarschieren von Wachbataillonen, mit Gewehrgriff und Meldung, Musik – wäre es nicht besser, billiger und angemessener, dem jeweils ankommenden Staatsmann ein paar Zinnsoldaten zu schenken, naturgetreu in der Uniform des Landes, und dazu eine Spieldose, die Kommandos und Nationalhymnen, notfalls auch Begrüßungsansprachen wiedergibt? Warum sollten nicht Automaten Funktionen erfüllen, die Menschen ohnehin *automatisch* erfüllen? Automaten sind immer adäquat: angemessen, angeglichen, angepaßt, sie fallen nie aus der Rolle, wenn man sie nur entsprechend kontrolliert.

Eingeweihte und Mitwirkende lächeln und spotten insgeheim über Protokolle und Zeremoniell und wissen doch offenbar nicht, daß sie damit Maß geben, Maß für die adels-, die prominenzsüchtige Mehrheit, die jenen übel mitspielt, die sich nicht in der ihnen vorgehaltenen Angemessenheit verhalten und kleiden.

Leiden, Zorn und Ruhe

Über Alexander Solschenizyns Erzählungsband ›Im Interesse der Sache‹

[1970]

Der Titel dieses Erzählungsbandes ist in mancherlei Hinsicht auf Alexander Solschenizyns Gesamtwerk anwendbar, auch auf den Streit um ihn, der ja der Frage gilt: Welchem Interesse dient dieser Autor?

Dienen die europäischen und amerikanischen Nachkriegsliteraturen den »Interessen« ihrer Länder? Keine Spur davon. Würde Nixon meinen, Selby diene dem nationalen Interesse, und hätte Kiesinger das von Grass angenommen? Ich denke nein. Alle Nachkriegsliteraturen sind ausgesprochen antinational, sie sind nicht »gesund«, und ich glaube, das Gegenteil von gesund ist nicht »krank«, sondern leidend. Wo wäre denn jenes Ungeheuer von Mensch, das nicht leidet?

Der immer noch und immer wieder diskutierten Frage nach der »heilen Welt« entspricht eine bestimmte Form des sozialistischen Realismus, die nicht viel mehr ist als eine marxistische Variante der uns bekannten Erbauungsliteratur, in der das Gute siegt, das Schlechte bestraft wird oder zur besseren Einsicht gelangt – eine Literatur, in der keiner leiden darf unter der Fragwürdigkeit der jeweiligen Heilsverkündigung. Das Muster ist bekannt. Natürlich darf diese Erbauungsliteratur auch Kritik enthalten (so dumm sind die Dogmatiker denn doch nicht), nur muß die Kritik am Ende zur Bestätigung des Verkündigten dienen.

Welchem Interesse dient Solschenizyn? Wird je irgendein Establishment begreifen, daß ein eigenwilliger Autor so leicht nicht dienstbar zu machen ist? Immerhin ist Chruschtschows Abrechnung mit dem Stalinismus durch die ganze Welt gegangen, in allen Zeitungen gedruckt worden, die Deiche sind gebrochen. Kann denn irgendein Staatsmann, der sich für realistisch hält, glauben, *dieser* Deichbruch wäre noch zu reparieren? Und was Chruschtschow damals erklärte, das war nicht Literatur, es war die harte und derbe Sprache eines politischen Realisten. Unter seinem Regime begann der Autor Solschenizyn in der Sowjetunion zu publizieren.

Im Interesse der Sache des Sozialismus und des sozialistischen Realismus wäre nichts mehr zu wünschen, als daß der Alleinvertretungsanspruch für das Glück auf Erden aufgegeben und zugegeben würde, daß *auch* in sozialistischen Ländern die Menschen leiden können, vor allem leiden *dürfen* und sich fragen müssen, welchen Sinn denn das Leiden habe: ob die ungeheure Leidensmaschine für den Orkus der Absurdität gearbeitet hat, oder?

Georg Lukács, den man wohl kaum als einen Agenten des Imperialismus abqualifizieren kann, hat inzwischen in einem Essay (ebenfalls jetzt bei Luchterhand erschienen) die Herkunft Solschenizyns aus dem sozialistischen Realismus nachgewiesen und – ich drücke das verkürzt aus – vor der Übernahme westlicher Literaturformen durch Autoren in den sozialistischen Ländern gewarnt. Mit Recht, glaube ich: Erneuern kann sich die Literatur dort nur aus sich selbst, der Westen hat ihr da nichts zu bieten, nichts zu verkaufen.

Möglicherweise wird man eines Tages – wer weiß wann? – in der Sowjetunion erkennen, welchem Interesse der Autor Solschenizyn dient; daß er, vor allem im ›Ersten Kreis der Hölle‹, das Wunder vollbracht hat, den sozialistischen Realismus gegenwärtig gemacht, ihm nicht nur wieder Anschluß an die Weltliteratur verschafft zu haben – und das durchaus nicht nur, weil er den Stalinismus enthüllt. Solschenizyn hat die verfluchte Herablassung des Westens gegenüber der sowjetischen Literatur nicht nur ins Wanken gebracht; ein Autor wie er ist nur in der Sowjetunion möglich.

Was mich am meisten an diesem Schriftsteller erstaunt, ist die Ruhe, die er ausstrahlt – ein Autor, der wie kein zweiter auf dieser Erde umstritten und gefährdet ist. Es sieht so aus, als wäre er nicht aus der Ruhe zu bringen, trotz der fürchterlichen Beschimpfungen, denen er in seinem Land ausgesetzt ist, und trotz der öffentlich angebotenen Ausreisebewilligung, diesem von ihm nicht akzeptierten Hinauswurf.

Solschenizyns Ruhe ist nicht die eines Olympiers, es ist die Ruhe eines Betroffenen, eines Zeitgenossen, nicht etwa eines lebenden Denkmals, das schon an der Patina des Nachruhms schnuppert. Jede der hier vereinigten Erzählungen, auch die winzigen Prosastücke, strahlen diese Ruhe aus: eine überraschende Botschaft an die schwachsinnige Turbulenz unserer Welt, der wir uns alle mehr oder weniger unterwerfen.

Die Titelgeschichte ist bitter: Der Überstunden- und Sonderschicht-Optimismus eines ganzen Technikums, einschließlich Direktor und Kollegium, wird betrogen, indem man den endlich erstellten Neubau im letzten Augenblick zweckentfremdet. Wenige Stunden bevor die Schüler eigenhändig und freiwillig den Umzug bewerkstelligen wollen, übergibt irgendein Wirtschaftsrat das Gebäude einer anderen Bestimmung.

Solschenizyn erweist sich auch in diesen Erzählungen mittlerer Länge als ein Autor, der weiß, daß die Glaubwürdigkeit im Detail liegt.

Zum Beispiel: Bei der Besichtigung des alten Technikums versucht der Genosse aus dem Ministerium dem Direktor klarzumachen, daß in seinem Institut durchaus kein Platzmangel herrsche, und als er dabei dann noch jenes freie Plätzchen an der Wand entdeckt, wo ein Laborant das Bild einer hübschen Frau angeheftet hat (»Ob die Sünderin aus einer sowjetischen oder einer ausländischen Zeitschrift stammte, war ohne Legende nicht festzustellen«), trumpft er gegenüber dem Direktor auf: »Und da behaupten Sie auch noch, es gäbe nicht genug Platz.«

In solchen Episoden – oder etwa wenn ein Parteifunktionär den Vorwurf, er pflege keinen sowjetischen Arbeitsstil, mit der Antwort pariert: »Im Gegenteil. Ich arbeite sowjetisch, *berate* mich mit den Werktätigen« (Sowjet = Rat) –, an solchen Stellen zeigt sich die Präzision Solschenizyns, dessen Ruhe keineswegs Gelassenheit und noch weniger stilistische Grobheit bedeutet, sondern eine Sensibilität, die geduldig das richtige Detail sucht, die darauf auch warten kann. Dies ist ein Merkmal jenes neuen Realismus, der sich keine Leine mehr anlegen läßt, der menschlich ist und auch Funktionäre differenzierend zu schildern weiß.

Liebe und Vorliebe Solschenizyns gehören freilich jenen Menschen, die man bei uns in dummer Vereinfachung »einfache« oder »kleine« Leute zu nennen beliebt: hier etwa dem heruntergekommenen Revolutionssoldaten Bobrow in ›Die rechte Hand‹ oder der alten Landarbeiterin Matrjona in ›Matrjonas Hof‹ oder den Gläubigen in der ›Osterprozession‹, die Solschenizyn gegen ein »materialistisches« Rowdytum in Schutz nimmt.

Alle Personen seiner Erzählung sind Teilhaber oder Quelle seiner Ruhe, seiner Geduld, auch seines Zorns, sie alle dienen dem »Interesse der Sache«, das ein internationales ist. Die Töne nationaler Gekränktheit in den sowjetischen Stellungnahmen gegen Solschenizyn sind so unverkennbar wie die Töne des Neids. Nun haben Sowjet-Autoren sogar mit der »Comes« gebrochen, jener europäischen Schriftsteller-Vereinigung, die geradezu als ein Instrument der Versöhnung zwischen der Literatur der sozialistischen und der westlichen Länder gegründet worden war. Und das alles wegen eines einzigen Autors, der sich immer wieder und inzwischen noch einmal energisch gegen westliche Manipulationen mit seinen Werken gewehrt hat, der immer wieder betont, daß er für die Bewohner der Sowjetunion schreibe!

Ist das noch klug, diesen einzelnen Autor zum Feind der Nation zu erklären und ihm so immer mehr politische und symbolische Bedeutung zu geben? Kann ein Autor das tragen?

Annäherungsversuch
Nachwort zu Tolstois Roman ›Krieg und Frieden‹
[1970]

Beim Lesen eines Romans, der vor mehr als hundert Jahren erschien, vergißt man leicht, daß er, als er erschien, schon in die Kategorie »historischer Roman« gehörte. ›Krieg und Frieden‹ ist geschrieben in den Jahren 1863–1869, der Stoff des Romans liegt in der russischen Geschichte zwischen 1805 und 1813, der Epilog etwa im Jahr 1820. Der sechsunddreißigjährige Tolstoi trat diesen langen Marsch fast sechzig Jahre nach 1805 an; er war also ungefähr in der Lage eines Autors, der im Jahre 1973 einen Roman zu schreiben unternähme, der mit dem Jahr 1914 begänne. Wenn da Leser und Kritiker gelegentlich klagen, daß Autoren sich fünfundzwanzig Jahre nach 1945 noch mit dem Zweiten Weltkrieg beschäftigen, so haben sie immer noch nicht begriffen, daß nicht den Autor der Stoff, sondern der Autor den Stoff macht. Jeder Roman ist, wenn nicht utopisch, historisch, auch der sogenannte Gegenwartsroman. Schon die unvermeidliche Frist, die zwischen Schreiben und Drucklegung verstreicht, macht den verarbeiteten Stoff zu Geschichte. Die zeitliche Distanz ist eine relative Größe, zumal nicht einmal die Geschichtswissenschaft zu »objektiven« Ergebnissen kommt: alles bleibt umstritten, wird ständig korrigiert, sobald sich neue Archive öffnen, irgendein Briefwechsel ausgegraben wird oder jemand einen neuen »Aspekt« entdeckt. Auf dem Hintergrund umstrittener Daten der deutschen Geschichte, dem 30. 1. 33, dem 30. 6. 34, dem 20. 7. 44, sind schon ganze Bibliotheken von Forschungsergebnissen und Analysen gehäuft, und immer noch bleibt vieles dunkel, unerklärlich, und so unternehmen Historie, Psychologie und Literatur, getrennt voneinander, Annäherungsversuche. Ich glaube nicht an Konkurrenz zwischen irgendeiner Wissenschaft und etwa der Literatur; die Literatur unternimmt auf ihre Weise Annäherungsversuche, indem sie dem geschichtlichen Stoff Personen auflädt, die keine »Geschichte gemacht haben«.

Es mögen sich die Distanzen verringern, der Wunsch des zeitgenössischen Lesers, mit der Geschichte »fertig« zu werden, sie als »abgefertigt« betrachten zu dürfen, dem ein immer größer werdendes Maß an miterlebter und anfallender Geschichte entspricht, ist verständlich. Das Verlangen nach Gegenwart und Gegenwärtigkeit ist groß, die Abneigung gegen Geschichte wächst wie die Abneigung gegen Theologie und das Verlangen nach Mythos und Religion, oft schwer erkennbar und gelegentlich »pervers« verkleidet. Mit dieser Geschichtsüberfütterung hat wahrscheinlich der Wunsch nach neuen Ausdrucksformen, nach dem permanenten Kunstwerk zu tun, das sich mit jedem Ruck des Sekundenzeigers verändert und doch bleibt, Vergänglichkeit in Unvergänglichkeit aufgehoben. Jeden Tag ein halbes Dutzend geschichtliche Augenblicke; unterzeichnete Verträge, gebrochene Verträge, kein Krieg, kein Bürgerkrieg, nur permanent gebrochene Waffenstillstände; Interventionen, Militärhilfe, Invasionen, die Strategie des Dollars, nur kein Krieg. Den gibt's nicht. Wir leben in tiefem Frieden. Demonstrationen, Studenten erschossen, streikende Arbeiter eingesperrt, und hin und wieder lüftet ein Filmregisseur, ein Autor, Maler oder Komponist den Deckel über ganzen, zum Schweigen verurteilten Kontinenten: Südamerika, Mittelamerika, Afrika, und wir erfahren ein wenig von der verborgenen, geheimen Geschichte ganzer Kontinente, deren offizielle Geschichte anderswo bestimmt und geschrieben wird. Wir erfahren zuviel und zuwenig, und in dem Augenblick, wo es gedruckt wird, ist alles schon geschehen, Geschichte. Was hat nicht alles »Geschichte gemacht«? Plötzlich steht da etwas, ein greifbares, fürchterliches Zeichen: eine Mauer quer durch Berlin. Ist die Mauer nicht, vom Standpunkt eines stoffbesessenen Autors aus, der sich weigern muß, Überschriften für die Bild-Zeitung zu liefern, eine Antwort auf Gegenwart und Vergangenheit zugleich, auf angehäufte Geschichte, die mit den Deutschordensrittern begonnen haben mag (wahrscheinlich früher) und aus einem jahrhundertealten Mißtrauen, Umwerben, aus Angst und Bewunderung zugleich, aus mißglückten Annäherungsversuchen von Osteuropa nach Westeuropa und umgekehrt, Unterwerfungsversuchen nach beiden Richtungen, und bedenkt man, daß die russische und die deutsche Geschichte, als sie noch von beiden Ländern halbwegs »gemacht« werden konnte, auf zwei Personen ruhte, Vettern, die einander mit »Dear Willy« und »Dear Nicky« anredeten, zwei extrem traurigen und absurden »Geschichtsträgern« Europas, und daß es da einen ersten und zweiten Weltkrieg gab und noch keinen Frieden; daß Geschichte gemacht wurde von Menschen, für die Europa am Rhein, wenn's hochkommt an der Elbe aufhört, dauernde Kränkungen, Lockungen, im Tweedrock der Freiheit – und plötzlich steht da eine Mauer, die ein- und aussperrt; Schotten dicht, den Rücken zugekehrt. Dear Willy! Dear Nicky! Der eine war auf eine verrückte Weise zu »deutsch« und der andere auf eine verrückte Weise zu »russisch«, und beide hatten sie »englische« Physiognomien. Eine wahnwitzige »Vetternwirtschaft«, und die uralte Angst Westeuropas, daß diese beiden Riesen, von denen der eine ganz, der andere halb östlich ist, einander hätten in die Arme fallen können. Angst vor und Hoffnung auf Deutschland, verwandelt später in eine permanente Verkennung der Wünsche und der politischen Kraft jener vielfach verratenen »deutschen Arbeiterklasse«. Und da gibt es ja nicht nur und gab es nicht nur Rußland und die Sowjetunion; Polen gibt es und Litauen, Lettland, Estland, und es gibt da einen Staat, der Tschechoslowakei heißt, in dem man eine unsichtbare, schreckliche Mauer errichtet hat. Und es gibt da auf irgendwelchen Landkarten, die bei Konferenzen benutzt werden, seltsam ungenaues Bleistiftgekritzel, wirres Gekräusel: verkannte Geschichte Osteuropas. Eins ist gewiß: *einer* da am Konferenztisch kannte die Geschichte Osteuropas. Und plötzlich, viele Jahre später nach so viel Verkennung, steht da eine Mauer, an der sich Geschichte staut, weil immer noch kein Frieden geschlossen ist. Kein Krieg und kein Frieden. Und am vorläufigen Ende einer kaum meßbar langen Geschichte stehen Hochhäuser an einer Mauer, ein Hotel, von dem aus man »von oben herab«, ganz und gar in »Menschenwürde« gekleidet, auf jene hinabblicken kann, die man schamlos besichtigt; selbst Staatsbesucher scheuen sich nicht, das Treppchen hinaufzusteigen und kopfschüttelnd, empört, bewegt einmal rasch hinüberzublicken und so zu tun, als hätte es nie einen Ersten, keinen Zweiten Weltkrieg gegeben, nicht Hitler oder Napoleon, nicht die permanente Arroganz des Westens gegenüber dem Osten, nicht die Un- und Untermenschenideologie und keine Konferenzen in Yalta und Potsdam und nicht die naive Vorstellung geschichtemachender Militärs, Berlin wäre ja nicht so wichtig. So haben Ost und West sich auf einen Besichtigungswert reduziert. Nur ein totaler Poet kann Geschichtslosigkeit anstreben oder sie einfach als künstliche Position einnehmen – und außerdem können es offenbar Politiker oder geschichtemachende Militärs, die verletzliche und vielfach verletzte Grenzen, diesen europäischen Grenzwirrwarr alexandrinisch zu lösen versuchen, ohne Alexander zu sein. Bei denen, die Poesie ohnehin ablehnen (auf der Suche nach einer neuen, die anders heißen wird) und sich gleichzeitig gegen die plumpen politischen und militärischen Versuche empören, die einer ähnlichen Verkennung von Geschichte entsprechen, verstehe ich die Geschichtslosigkeit nicht. Mir jedenfalls erklärt die Lektüre von ›Krieg und Frieden‹ (u. a. natürlich, das ist vorausgesetzt) die Mauer in Berlin besser als die beiderseits recht hohl klingenden Parolen, und ich gebe zu: eine solche Verteidigung eines doppelt historischen Romans ist weit hergeholt. Möglicherweise läßt sich das Naheliegende durchs Weithergeholte manchmal ganz gut erklären.

Was ist das für ein Land, in dem die Deutschen sich immer »russischer« geriert haben als die Russen selbst (so wie die Deutschen immer päpstlicher als alle Päpste waren)? Es gibt Möglichkeiten, sich dieses Land anzuschauen: die gesamte Literatur Rußlands, Riesenspaziergänge, einer davon und einer der wichtigsten ist ›Krieg und Frieden‹. Ein zweifach historischer Roman von diesem gewaltigen Umfang! Dieses Buch ist auf verschiedenen Ebenen ständig gegenwärtig. Seine ungebrochene und ununterbrochene Beliebtheit hat viele Gründe. Der erste mag der keineswegs verwerfliche Wunsch nach Information sein, der mit dem zweiten zu tun hat, den ich lieber negativ ausdrücke, weil unser Verhältnis zur »Unterhaltungsliteratur« auf eine krampfhafte Weise gebrochen ist: das Buch *langweilt nicht;* es hat Längen, gewiß, ganze Passagen, in denen der Autor eigensinnig und eigenwillig darauf besteht, seine Ansichten darzulegen; ich warne den Leser davor, diese Passagen überschlagen und sich den Eigensinn des Autors Tolstoi ersparen zu wollen. Jedem Autor seine Wörtlichkeit, jedem Autor seine Längen, seinen Eigensinn. Unser Verhältnis zur Wörtlichkeit ist – ich hoffe, nicht endgültig – bildungsverkrampft. Eine Sache, die *verständlich* ist, sich mitteilen kann, ist schon fast verdächtig, journalistisch zu sein, und eine Sache gar, die »unterhält«, ist das nicht, um Gottes willen, wie heißt es doch, ja natürlich, das ist doch »feuilletonistisch«. Die »eigentliche« deutsche Sprache ist doch jener pseudomystische Jargon, den man unter Eingeweihten Mittelhochböhmisch nennt. Eine Sache muß schwer sein, fast unverständlich, und wenn sie gar am Ende noch »populär« wird – dann aber rasch die Finger weg, da macht man sich ja regelrecht schmutzig, denn populär bedeutet ja wohl doch »im Grunde« vulgär. Einer, der liest, nur um zu lesen, einfach, um zu lesen, weil es ihm möglicherweise Spaß macht, dem fehlt doch jeder Anspruch! Und jeglicher Bildungswille, wahrscheinlich die entsprechende Vorbereitung und ganz gewiß die Vorbildung. Wie kann denn jemand zum Beispiel Tolstois Napoleon-Bild beurteilen, wenn er historisch ungebildet ist? Was ist das für ein Mensch, der da ganz und gar unvorbereitet nach Italien fährt und sich etwa mit der erstaunlichen Stadt Siena konfrontiert? Ich bekenne mich schuldig: ich bin so einer, auch als Leser. Auch. Auch. Natürlich bin ich nebenbei auch, weils mir Spaß gemacht hat, ein wenig »gebildet«, und – es ist schwer zu leugnen: ich bin auch ein Autor, schreibe Romane, lauter Annäherungsversuche an die Unerklärlichkeiten der jüngeren deutschen Geschichte. Außerdem habe ich noch eine Eigenschaft, die unabhängig von Bildung und Autorschaft ist: ich bin neugierig, bis zu einem Maß, das mich manchmal ganz ganz knapp vor der Indiskretion erst zum Halten bringt. Und auch nach der dritten Lektüre von ›Krieg und Frieden‹ ist meine Neugier noch nicht gestillt, jene Neugier, die Literaturkritiker bis zur Raserei treiben, Leser verrückt machen, Autoren aber, die ihr Rumpelstilzchen noch nicht ganz und gar ausverkauft haben, einen ungeheuren Spaß machen kann, die neugierige Frage nämlich: wo steckt denn in einem solchen Roman dieser Bursche, der Autor, wie hat er sich getarnt, wo hat er sich versteckt? Natürlich spürt man ihn gleich, wenn er den Zeigefinger hochhebt und zu dozieren beginnt, aber was nützt mir ein Zeigefinger, ich will den ganzen Burschen haben, ihn sehen. Einem eingefleischten Vorurteil zufolge (wer mag das aufgebracht haben?) versteckt sich der Autor meistens in irgendeinem sympathischen Helden oder einer Heldin. Ich glaube, ja, ich glaube (denn wissen tu ich nicht viel) das nicht. Möglicherweise gäbe es eine Möglichkeit, den Autor wirklich in seinem »Gesamtwerk« zu entdecken: man addiere sämtliche Personen, *sämtliche*: vom Diener, der einen Krug Wasser bringt und endgültig wieder verschwindet, bis zu irgendeiner Art von geschichtlicher Persönlichkeit, Napoleon oder so – sämtliche Personen, die auf- und wieder abtreten, männliche und weibliche, ganz gleich, ob es sich um einen Autor oder eine Autorin handelt – und ziehe dann aus dieser Summe die siebte Wurzel. Ich gebe zu, daß ich diese Methode nicht beherrsche und meine Hoffnungen der Kybernetik anvertraue, die uns eines Tages jegliche Art von Autor von irgendeiner Maschine wird ausspucken lassen. Bis dahin bin ich, wie jeder andere Leser auch, darauf angewiesen, den Autor auf die übliche unzulängliche Art und Weise ausfindig zu machen: indem ich sein gesamtes Werk lese und jeder, jeder auftretenden Person auf die Finger und auf den Mund gucke, wenn nötig, sogar unter den Rock.

Biographien sind gewöhnlich mißglückte Annäherungsversuche, Autobiographien peinliche, ich glaube (wieder dieser verfluchte Glaube!), die Autobiographie eines Autors verbirgt sich in seinem Gesamtwerk. Neugierig bin ich aber nicht nur auf den Autor, auch auf anderes: auf die stoffliche, die materielle Darbietung des russischen Adels; seine Leichtfertigkeit und seinen Leichtsinn, seine möglichen Verdienste, seine Verschwendungssucht, seine snobistische Vergnügungssucht; auch die Frage nach seiner Menschlichkeit ist noch offen.

Es gibt in ›Krieg und Frieden‹ sehr viele »geschichtliche Augenblicke«, in denen die ganze Last der Geschichte auf historisch unbedeutende Personen fällt. Natascha Rostow, die einige »Auftritte« hat, hat ihren größten in der Stunde der Flucht aus dem brennenden Moskau. Der für Millionen Menschen auf dieser Welt sehr gegenwärtige quälende Unterschied zwischen Flucht und Umzug, auch den meisten von uns unvergessen, ist für die Besitzenden (und da rächt sich die Geschichte!) von besonderer Qual. Während die Rostows ihre Flucht vorbereiten, wobei man feststellt, daß es sogar einen Garderobenwagen gibt und einen hauseigenen deutschen Tanzlehrer mit Familie, bricht der übliche Streit aus, was denn nun mitgenommen werden soll; darüber hinaus wird schließlich die Entscheidung fällig, ob man sich für Möbel, Bücher oder für Verwundete entscheiden soll. Um das Maß voll zu machen, naht da noch der deutsche Schwiegersohn Berg, er hat Extramöbelwünsche, es ist ihm da ein »reizender Toilettentisch«, ein »wahrhaft entzückendes Stück« und spottbillig (Nebbich, wenn die ganze Stadt abbrennt!) angeboten worden, genau das Stück, das er seiner Frau schon lange schenken wollte. Und wer entscheidet diesen Streit, der sich zu einem Gewitter an Gereiztheit zusammenballt? Nicht der Herr Graf, nicht die Gräfin oder gar der mediokre Berg – die zwanzigjährige Natascha hat ihren historischen Augenblick, ihr Auftritt besteht darin, das Selbstverständliche zu entscheiden, und sie drückt sich recht deutlich aus: »Meiner Meinung nach«, schreit sie, »ist das eine Gemeinheit, eine Scheußlichkeit, eine ... ach, ich weiß nicht! Sind wir denn vielleicht Deutsche?« Wird ein Deutscher mit diesem Volltreffer konfrontiert, so wird er betrübt sein und gleichzeitig triumphieren, triumphieren mag er sogar als Deutscher, da es ihm so sehr am Selbstverständnis fehlt, oder wie man das nennt, dann aber wird er, muß er betrübt sein als Exemplar jener Gattung, die Mensch heißt und zu der er – mag's noch so unwahrscheinlich klingen – letzten Endes doch gehört. Natürlich kennen wir alle diesen Besitzfetischismus, der Millionen Fluchten kennzeichnete, der sich an Einmachgläser, Kopfkissen oder Blumentöpfe klammerte. Ist das deutsch? Sind nicht Nataschas Mutter, ein wenig sogar ihr Vater, der sich nicht zum Selbstverständlichen entscheiden kann, ein bißchen deutsch? Vielleicht haben die Deutschen erst im Zweiten Weltkrieg gelernt, jenen seltsamen Besitz zu schätzen, den man das nackte Leben nennt; man hat ihnen wohl nie beigebracht, um des Lebens willen zu leben – so wenig, wie um des Lesens willen zu lesen. Ihr Fluch ist auch ihr Segen, diese ständige Suche nach dem »Sinn« des Lebens – und mag er sich auch, zum Fetisch pervertiert, in einem Blumentopf finden.

Nataschas energische Entscheidung hat aber auch, und das macht diese Entscheidung so menschlich wie »romanhaft«, die Konsequenz, daß mit den Verwundeten ihr ehemaliger Verlobter Andrej Bolkonskij in die Obhut der Familie Rostow und damit wieder in Nataschas Nähe gerät. Der moderne Roman(cier) verachtet solche Fädeleien, der lesende Autor beginnt hier, seiner Naivität nicht mehr zu glauben, der unvoreingenommene Leser mag sich aber getrost seinen Gefühlen und Gedanken überlassen und sich sagen: »Nein, so was!« Er soll auch, ohne auch nur die geringsten Komplexe zu bekommen, derart eingefädelte Romanwirklichkeit für eine »wahre Geschichte« nehmen und immer noch auf das Happy-End warten, nicht jenes, das sich am Schluß wirklich ereignet, sondern auf das vorgeschobene Ideal-Happy-End, in dem Andrej Bolkonskij und Natascha Rostow sich »gefunden« hätten. Wissen sollte der Leser auch, daß Tolstoi für ›Krieg und Frieden‹ tatsächlich den banalsten aller banalen Romantitel eine Zeitlang erwogen hat »Ende gut – alles gut«. Ein für Intellektuelle möglicherweise abschreckender Titel, der sie höchstens auf ein paar Umwegen anziehen könnte. Wenige Romane der Weltliteratur sind so geeignet, das Lesen zu lehren, wie ›Krieg und Frieden‹. Tolstoi kommt dem Leser ständig entgegen und schreckt ihn ständig wieder ab, weil er immer wieder den warnenden Zeigefinger erhebt. Nirgendwo wird auch nur andeutungsweise etwas wie Anbiederung versucht, die sich sowohl in bloßem Entgegenkommen wie in bloßer Abschreckung verbergen kann.

Schon im ersten Teil des Romans, der ein knappes Zehntel des Gesamtumfanges ausmacht, erfolgt der Ein- und Aufmarsch des gesamten Personals, das sich je nach Zeit, Geschichte, Zeitgeschichte und Milieu, mit dem entsprechenden Nebenpersonal umgeben, finden wird; dieses Personal, das Tolstoi streckenweise mit ganzen Kapiteln Philosophie und Militärgeschichte zudeckt, aus dem es sich dann, den Staub von den Haaren schüttelnd, wieder lebendig erhebt. Schon nach knapp einhundertfünfzig Seiten sind sie alle da: die Kuragin, Rostow, Drubezkoj und Bolkonskij, und es taucht jener merkwürdige, linkische und dickliche Mensch auf, dieser ewig zerstreute Pierre Besuchow, der die somnambule Sicherheit hat, im rechten Augenblick an der rechten Stelle aufzutauchen, um wie der Tölpel im Märchen – das schönste Mädchen, das meiste Geld, die meiste Geschichte einzuheimsen: die gewaltige Erbschaft seines Vaters, auf die er angesichts der Kamarillen im Sterbezimmer und angesichts seiner Ungeschicklichkeit wenig Aussicht hat; die Schlacht bei Borodino, den Brand Moskaus, Napoleons Lächerlichkeit, außerdem noch jenes Erlebnis, das in solchen Zeitläuften kein Zeitgenosse versäumen sollte: Gefängnis und Gefangenschaft; und am Schluß bekommt er sogar noch Natascha. Pierre Besuchow hat eine verfluchte Ähnlichkeit mit jenem Burschen, der mit einer toten Krähe und ein wenig Straßenschlamm in der Tasche der melancholischen Prinzessin als einziger zu Braten, Soße und Lachen verhilft. Tolstoi ist mit Besuchow etwas gelungen, das kaum einem Romancier außer ihm gelungen ist: einen Helden zu schaffen, den man ganz sympathisch findet, mit dem man sich aber kaum »identifizieren« möchte. Es gibt so viele Tölpel, und so wenige davon bekommen die Prinzessin, und wer möchte schon ein Tölpel sein, auf die geringe Chance hin, die ein Märchen bietet? Wer würde, wenn er den Roman zum erstenmal liest, darauf wetten, daß es mit diesem Pierre ein »Ende gut« nehmen könnte. Dieser liebenswürdige mittelmäßige Mensch, der grüblerisch und doch kein rechter Grübler ist, der zwar eindeutig und nachweisbar männlichen Geschlechts und doch kein »rechter Mann« ist, dieser Brillenträger, dem man nicht einmal seine Lasterhaftigkeit so recht glaubt, ihm gegenüber wird sogar der Gewaltige General Kutusow zur Charge; dieser Dilettant, dem die Reformen auf seinen Gütern mißlingen, weil er zu faul ist, sich mit den entsprechenden Theorien zu befassen und die richtigen Leute zu suchen; der sich durch den ältesten und dümmsten aller Tricks mit Helene Kuragin verkuppeln läßt, durch das brennende Moskau stolpert, den kindlichen Gedanken im Kopf, Napoleon umzubringen; ein mißglückter Millionär, der am Lagerfeuer froh wird um einen Schlag Suppe und ein Stück Brot: er ist der Held, und er, er führt die

Braut heim. Ihm gehört Natascha; er gerät, zufällig und ahnungslos an den Punkt, wo die Schlacht von Borodino sich entscheidet: er, der in peinlichem Zivil durch die Aufmarschstellungen fährt, er wird zum »Frontkämpfer«. Hat Tolstoi nicht als erster Autor dem Krieg jene Komponente gegeben, die wir immer noch scheuen, weil uns »Heldentum« und »Schicksal« doch immer noch als Tabu gelten: die Komponente der Lächerlichkeit derjenigen, die Kriege machen.

Dostojewskijs ›Raskolnikow‹ und der ›Idiot‹ sind fast gleichzeitig mit ›Krieg und Frieden‹ erschienen (1866 und 1868). Da ich kaum annehmen kann, die beiden hätten einander auf den Schreibtisch geblickt – und blicken lassen! –, mag es Zufall sein, daß Raskolnikow und Fürst Myschkin (im Idioten) gewisse Ähnlichkeiten mit dem dicklichen Pierre haben. Natürlich sind weder Raskolnikow noch Myschkin auch nur annähernd dick vorstellbar, möglicherweise aber steckt in solch scheinbar nebensächlichen physiologischen Details ein Ansatz, die beiden großen Gegensätze der russischen Literatur des 19. Jahrhunderts in ihrer Verschiedenheit zu erkennen und in ihrer gegensätzlichen Methode der Verstofflichung ihrer Vorstellungen. Ich jedenfalls denke mir Raskolnikow und Myschkin extrem mager, die einzigen *jugendlichen* Helden Dostojewskijs, denen ich eine gewisse Leibesfülle zubilligen könnte, wären der unglückliche Michail Karamasow und der ungemein sympathische Rasumichin, Raskolnikows Freund; und es mag auch sein, daß Aljoscha Karamasow später ein wenig Fett ansetzen würde. Nur wenige Male auf mehr als eintausendfünfhundert Seiten gerät Pierre Besuchow in jenen Zustand, der jugendlichen Dostojewskij-Helden nicht nur vertraut, der ihnen permanent ist: außer sich. In einer Auseinandersetzung mit seiner extrem bösen Frau Helene und nach der Entführung Nataschas durch seinen Schwager Anatol. In solchem Augenblick ist er duellreif und weiß doch vorher, wie lächerlich Duelle sind. In einem weiteren Detail der Verstofflichung unterscheiden sich Dostojewskij und Tolstoi, in der Materialisation von Hurenhaftigkeit. Ich halte Sonja Marmeladova für eine der unsterblichen Frauengestalten der Weltliteratur, aber eins glaube ich bis heute nicht: daß sie eine Hure war; der Maslova in Tolstois ›Auferstehung‹ glaube ich's. Wie sie dazu geworden ist, wäre eine weitere Frage.

Dem Leser mag dieser Aufmarsch des gesamten Personals auf den ersten einhundertfünfzig Seiten eines Romans nicht so waghalsig vorkommen wie dem lesenden Autor. Alle großen Romane Tolstois sind »gewagt« – und gewonnen: ›Krieg und Frieden‹, ›Anna Karenina‹ und ›Auferstehung‹. Im ersten Teil von ›Krieg und Frieden‹ tritt die Moskauer, die Petersburger Gesellschaft, der Land- und der Stadtadel fast in Regimentsstärke an, ganze Sippen, Gute und Böse, Geschwätzigkeit, Frömmelei, Verworfenheit, Kinder, Erwachsene, Greise, französisch parlierend, verspätete Voltaires und Rousseaus; Intrigantentum, Großzügigkeit, Gemeinheit. Was soll aus ihnen allen werden, vor allem aus diesem Tölpel Besuchow, der zu allem Überfluß auch noch das Herz auf der Zunge trägt? Vierzehnhundert Seiten später ist die Beute eingebracht: Krieg, Frieden, Rußland zwischen 1805 und 1813, seine Gesellschaft, seine Angst, seine unheimliche Ruhe, seine Bauern, seine Soldaten, Kaufleute, sein listiges Zögern gegenüber Napoleon, der die Räumung Moskaus mißversteht, vor den Toren Moskaus die Honneurs der Bojaren erwartet, der recht ärgerlich ist, weil sie ihn so lange warten lassen, und dann in die schweigende, eisig schweigende Stadt, in die schon schwelende, später lichterloh brennende Falle hineintappt, er, der wahnwitzig genug war, diesem unendlichen Horizont entgegenzumarschieren. Wer dächte nicht, wenn er über das Jahr 1812 liest, an das Jahr 1941, als eine weitere und weitaus dümmere Arroganz und Verkennung des europäischen Westens gegenüber dem Osten fällig war: der Einmarsch der deutschen Armee, die zwischen Juni und November Leningrad und Stalingrad und Moskau erobert und gleichzeitig auch noch innerhalb von viereinhalb Monaten den russischen Winter, ohne halbwegs dazu ausgerüstet zu sein, »besiegt« haben wollte. Natürlich wird da in strategischen Erinnerungen herumspekuliert auf dem WENN WENN. Die Antwort war deutlich: der härteste Winter seit einhundert Jahren kam, und es half kein WENN. Große Schlachtenlenker können später immer auf WENNS spekulieren, ein Autor darf es nie. Hitlers »Beresina« dauerte drei Winter, aber am Ende war ein halbverkohlter Leichnam vor einem Bunker in Berlin, und ein verratenes, verlassenes, verkauftes Volk – und fünfundzwanzig Jahre später blickt man vom Springerhochhaus und vom Hilton Hotel »von oben herab« wie auf Affen im Zoo und hat noch nicht gemerkt, daß die eigene Äffischkeit sich schon zu zeigen beginnt. Nein, nein, frei möchten die Menschen schon sein, aber was es bedeutet, durch Deutsche befreit zu werden, das werden sie nicht so bald vergessen.

Da ich eine (vielleicht glückliche) Veranlagung habe, Inhalte zu vergessen, mir sie immer wieder und immer nur in ihrer Verstofflichung nahebringen lasse, erfüllt mich bei jeder Lektüre von ›Krieg und Frieden‹ am Ende des ersten Teils, den man als eine Art Exposition betrachten kann, die gleiche Bangigkeit: wie wird er diesen großen Aufmarsch durch die Zeiten über die Runden bringen? Natürlich weiß ich, daß es da zwei Handlungsträger gibt, auf die sich ein Autor einigermaßen verlassen kann, einen weiblichen, den Frieden, einen männlichen, den Krieg, und ich weiß auch inzwischen, daß mit Natascha nicht alles glatt gehen wird: das ideale Brautpaar, Natascha Rostow und Andrej Bolkonskij, sie werden sich nicht kriegen, und das böse, geschickt angelegte Vorhaben des alten Kuragin, die beiden großen Vermögen Bolkonskij und Besuchow durch Verkupplungsversuche, von denen der eine nur vorübergehend gelingt, einzuheimsen, wird doch am »Ende gut – alles gut« vereitelt. Sogar für finanziellen Lastenausgleich wird gesorgt, die durch Verschwendung ruinierten Rostows können aufatmen: Natascha heiratet Pierre und Nikolai heiratet Marja Bolkonskaja. Ist das nicht ein Märchen? Ist Tolstoi nicht eine groß angelegte, großartige Täuschung gelungen, mit diesem alltäglichen, durchschnittlichen Besuchow, den jeder für so »wirklich« hält? Ist er nicht unwirklicher als Napoleon und Kutusow, als dieser ganze historisch verbürgte Hinter- und Vordergrund, diese wie bei einem historischen Prachtschinken vielschichtig ausgespachtelte Grundierung, die Tolstoi braucht, um Pierre Boden unter die Füße zu schaffen?

Vor dem Happy-End vergehen noch acht Jahre und vierzehnhundert Romanseiten, es kommen noch weitere vierzehn Teile, ein Epilog und nicht weniger als insgesamt dreihundertunddreiundfünfzig Kapitel. Dem geneigten Leser mögen solche Zahlenangaben unwichtig, ja, wie eine frivole Zerstückelung vorkommen, für den lesenden Autor sind sie von genauso großer Wichtigkeit wie der gesamte Inhalt und das umfangreiche Personal mit allen seinen Problemen. Schließlich wird an jedem Roman herumgestückelt, herausgeschnitten, geklebt, geändert – ein Vorgang, den man gemeinhin Komposition nennt; diese Zerstückelung gehört zu dem Vorgang, den man den schöpferischen Prozeß zu nennen beliebt. Solche Ziffern und Zahlenwerte bringen den Rhythmus nahe, den Atem, mit dem ein Autor auf solch einer langen Reise sparsam umgehen muß. Die Durchschnittslänge jedes der fünfzehn Teile beträgt etwa einhundertfünf, die Durchschnittslänge jedes Kapitels zwischen vier und fünf Seiten. Glücklicherweise erreicht keiner der Teile und erreichen nur wenige Kapitel diesen »Durchschnittswert«. Das Berechenbare erweist sich als unberechenbar; natürlich ist solch ein Roman nicht rechnerisch erfaßbar, und doch hat er seine Endlichkeit, hat er seine Länge und sogar Längen, hat er eine vom Autor höchstpersönlich vorgenommene Einteilung in Bücher, Kapitel, Abschnitte. Ich weiß nicht, ob es schon kybernetische Messungen von Romanrhythmen gibt, ich hielte sie für aufschlußreich, und gäbe es sie, würde ich gern ›Krieg und Frieden‹ und den ›Raskolnikow‹ miteinander vergleichen, diese beiden Atemproben gern nebeneinander sehen. Wahrscheinlich ergäben beide, rhythmisch geröntgt, materialisiert, phantastische Grafiken als Nebenprodukte der Literatur. Auf eine Formel verkürzt, ein weiterer Vergleich zwischen Tolstoi und Dostojewskij: Tolstoi ist auch in der allerkürzesten seiner Erzählungen langatmig, Dostojewskij kurzatmig bis zur Atemlosigkeit. Im ›Raskolnikow‹ ist auf eine fürs neunzehnte Jahrhundert sensationelle Weise schon der Zeitraffer am Werk. Man weiß gar nicht, und es ist auch nicht interessant zu wissen, wie lange die Spieldauer des Romans ist, ob drei oder fünf Tage, ob Wochen oder Monate: er ist in einem Augenblick vorüber. Bei Tolstoi schreitet man durch Jahrhunderte. Natascha ist bei Beginn dreizehn Jahre alt, am eigentlichen Ende des Romans ist sie einundzwanzig: knappe acht Jahre, die wie eine Ewigkeit erscheinen. Entkleidet man die Wörter langatmig und kurzatmig der negativen Nebenbedeutung, die sie im Deutschen haben, nimmt sie einfach als »technische Werte«, so kann man vielleicht die unterschiedlichen Rhythmen erkennen. Dostojewskij, jedenfalls der späte, wirkt auch in seinen umfangreichen Romanen, die immerhin an die tausend Seiten gehen, kurzatmig. Natürlich ist darin auch der Unterschied der Arbeitsweise und -bedingungen erkennbar.

Ich stelle mir in diesem Annäherungsversuch vor, das Rußland des neunzehnten Jahrhunderts sei in diesen beiden so verschiedenen Autoren gut aufgehoben und gut ausgedrückt. Tolstoi überraschenderweise der *jüngere*, der uns älter vorkommt, weil er älter geworden ist. Ich kann hier nicht die Gestirne Puschkin, Gogol, Tschechow, Lermontow und Gontscharow noch in meine Überlegungen einbeziehen und nicht die zahlreichen Satelliten der russischen Literatur des neunzehnten Jahrhunderts, was notwendig wäre, um dem Eigenschaftswort »russisch« auch nur annähernd Hintergrund zu geben. Ist Pierre so russisch wie Nataschas Deutsche deutsch; dieser Mensch, der ziemlich genau in der Mitte des Romans von sich selbst denkt: »Und er war nichts als der reiche Mann einer untreuen Frau, ein Kammerherr außer Dienst, der an gutem Essen und Trinken seine Freude hatte und wohl auch ein wenig auf die Regierung schalt, wenn er nach einem reichlichen Diner mit aufgeknöpftem Rock dasaß, Mitglied des Moskauer Englischen Klubs und allgemein beliebtes Mitglied der Moskauer Gesellschaft. Eine längere Zeit hindurch konnte er sich auch noch nicht recht mit dem Gedanken abfinden, daß er selbst nun ein richtiger Moskauer Kammerherr außer Dienst sein sollte – ein Typus, den er vor sieben Jahren so grimmig verachtet hatte.« Ist er russisch oder der frivole Dolochow, mit dem er sich duelliert? Ist es Bolkonskij oder der letzten Endes doch ein wenig schnöde und nicht überaus intelligente Nikolai Rostow, der Sonja sitzenläßt? Und was ist mit Anatol Kuragin oder dem Streber und erfolgreichen Karrieristen Boris Drubezkoj? Wer ist der »russischere« oder gar der »russischste« von allen? Vielleicht muß man tun, was man nicht tun darf: eine Nationalbezeichnung steigern und in den Superlativ setzen, um herauszufinden, wie fragwürdig sie sind. Was ist das für eine Eigenschaft, die man nicht steigern darf und kann? Und wo bleiben die Gestalten Dostojewskijs, Gogols, Puschkins – ist Myschkin russischer als der liebenswürdige kleine Petja Rostow, der in den letzten Augenblicken des Krieges noch sterben muß und den man sich so gut als friedliches bramarbasierendes Großväterchen an einem Kamin vorstellen kann? Möglicherweise sollte man die Methode, die ich vorgeschlagen habe, um den Autor aus seinem Gesamtwerk herauszufinden, auch auf Nationen anwenden: das gesamte Personal ihrer Literaturen, ihrer Politik, ihrer Wirtschaft und Landwirtschaft etc. *addieren*, aus dieser gewaltigen Summe die siebte Wurzel ziehen – und wäre dann berechtigt, ein Eigenschaftswort wie russisch oder deutsch in Gebrauch zu nehmen. Natürlich reklamieren die Nationen ihre »Gestalten«, und kein Russe wird auch nur auf einen von ihnen verzichten wollen: nicht auf Rasumichin, der so russisch ist wie jeder andere und kein anderer, und nicht auf Levin oder Vronskij, Kuragin und Bolkonskij. Nicht ohne Neid gebe ich zu: es ist ein reich bevölkerter Kosmos von Frauen und Männern in der russischen Literatur, bei uns geht's ein wenig sparsamer zu – aber was ist denn auch nur annähernd *typisch* russisch, so, daß einer ohne Zögern das Eigenschaftswort anwenden könnte? Betrachtet man sich genau, was allein in ›Krieg und Frieden‹ als typisch deutsch angeboten wird, so bleibt außer dem

Volltreffer von Natascha noch genügend Munition. Da wird ein Sprichwort zitiert: »Der Deutsche drischt auch auf dem Beilrücken noch Korn«, und es wimmelt da von deutschen Beratern im Generalstab:

»Pfuel war einer jener hoffnungslos, unerschütterlich, fanatisch selbstbewußten Menschen, wie man sie eben nur unter Deutschen findet, und zwar weil nur bei den Deutschen das Selbstbewußtsein auf einer abstrakten Idee basiert, nämlich der Idee der Wissenschaft, das heißt, des vermeintlichen Besitzes der vollkommenen Wahrheit. Das Selbstbewußtsein des Franzosen beruht auf dem Glauben der unwiderstehlich bezaubernden Wirkung seiner geistigen wie körperlichen Erscheinung auf Männer und Frauen. Das Selbstbewußtsein des Engländers fußt auf der Überzeugung, Bürger des am besten eingerichteten Staates der Welt zu sein und daher, eben als Engländer, immer zu wissen, was er zu tun hat und desgleichen immer zu wissen, daß dasjenige, was er, eben als Engländer, tut, ohne Zweifel gut und richtig ist. Das Selbstbewußtsein des Italieners gründet sich darauf, daß er von Haus aus aufgeregt ist und leicht sich selbst und andere vergißt. Das Selbstbewußtsein des Russen hat seine Wurzeln darin, daß er nichts weiß und nichts wissen will, weil er nicht glaubt, daß man überhaupt etwas wissen könne. Das Selbstbewußtsein des Deutschen aber ist ärger, hartnäckiger und unangenehmer als das aller anderen Völker, eben weil er sich einbildet, er kenne die Wahrheit, das heißt die Wissenschaft, die er sich selbst ausgedacht hat, aber für die absolute Wahrheit hält.«

»Pfuel wirkte noch typischer als alle diese. Einen solchen deutschen Theoretiker, der alles, was diese anderen an sich gehabt hatten, in so prägnanter Weise in sich vereinigte, hatte Fürst Andrej noch nie gesehen.« Mögen die Engländer, Franzosen und Italiener sich mit ihrer Nationalitäts-Definition konfrontieren, ich schreibe hier als einer, der einigen Grund hat, sich als Deutscher zu bezeichnen.

Erröten wir, schämen wir uns, oder ärgern wir uns nur, wenn wir das lesen? Kommt es uns nicht doch irgendwie – leider eben nur irgendwie – zutreffend vor? Sind nicht die Ideologen der DDR irgendwie die Pfuels des Ostblocks, die, die es immer genau, die es besser wissen, die im Besitz der »vermeintlichen Kenntnis«, der »reinen Wahrheit« sind und »pfueln« nicht die harten Pragmatiker der BRD tüchtig im westlichen Lager herum? Waren nicht die großen Strategen des Eroberungskrieges gegen die Sowjetunion alle mehr oder weniger Pfuels, die gewonnen hätten, wenn – ja, wenn nicht der härteste, strengste Winter seit hundert Jahren gekommen wäre. Aber dieser Winter kam, und er kam auch für die Rote Armee.

Ich bilde mir nicht ein, dieses Problem der Nationalitätsbezeichnung, der Urteile und Vorurteile auch nur andeutungsweise lösen zu können. Ich frage mich nur, ob es nicht besser wäre, Nationalitätsbezeichnungen für eine Weile aus dem Verkehr zu ziehen, bis die noch zu erfindenden Computer, die wahrscheinlich zwei Kilometer breit sein müßten, mit den entsprechenden Daten gefüttert werden können und uns ein Kärtchen liefern, auf dem die Formel steht für das, was man russisch oder deutsch nennen könnte? Noch hat keine Nation, kein Volk, keine nationale Literatur angefangen, die Adjektive zu überprüfen, mit denen man sich selbst und andere bezeichnet. Man kann sich die Ausdrücklichkeit irgendeiner Nation nicht aussuchen, nicht auf ein paar Autoren oder gar ein paar ihrer Gestalten reduzieren. Literatur im Export ist voller Gefahr der Zufälligkeiten. Heinrich Heine würde wichtiger und deutlicher, wenn man ihn überall in seiner Differenz zu Stifter sehen könnte. In gewissen Teilen der Welt gilt Wagner als *die* deutsche Musik, und was nicht so wagnerisch ist, gilt dann nicht mehr als deutsch. Wann hört ein Deutscher auf, für die Ausländer deutsch zu sein? Wer ist russischer, Tolstoi oder Dostojewskij? Welche beiden Autoren könnten weiter voneinander entfernt sein; ist Poe amerikanischer als Jack London, oder Stifter deutscher als Heine? Und Hölderlin – wer wird die Entfernung zwischen ihm und Heine messen? Ist Stifter nicht gerade in seiner Eigenschaft als der sanfte Unmensch, als der ihn Arno Schmidt bezeichnet hat, von einer bedrückenden Modernität, seine Beschränkung auf Sachen, auf Steine, Möbel, während die Menschen auf eine gespenstische Weise »verpuppt« bleiben, nicht schon fast eine ins neunzehnte Jahrhundert vorverlegte Exemplikation des nouveau roman, und ist Heines Frivolität und Bosheit nicht viel mehr rheinisch als jüdisch? Wann wird erst dieser Wortkontinent »jüdisch« erforscht?

Auf weitere Formeln verkürzt: Tolstoi ist der Autor des Landes und der Landwirtschaft, Dostojewskij der Autor der Großstadt. Es gibt kaum eine gelungenere Verstofflichung von Land und Landschaft, ihren Menschen, den Tieren, als die in ›Krieg und Frieden‹ eingebaute Wolfsjagd: das ist wohl wirklich Rußland, denkt man, und es ist da das andere Rußland: Dostojewskijs Kleinbürger und Intellektuelle in den Großstädten. Die irdische Religiosität Tolstois, die metaphysische Dostojewskijs. Ich weigere mich und werde mich weiterhin weigern, zwischen den beiden zu *wählen*. Ich nehme sie zusammen und Puschkin, Gogol, Lermontov und viele andere noch dazu und habe dann, bevor wir den Riesencomputer installiert haben, etwas in der Hand, das ich für mich annähernd russisch nennen könnte.

Tolstoi und Dostojewskij haben auch eine verschiedene Bedeutung und Gegenwärtigkeit in der Sowjetunion. Puschkin, Gogol und Tolstoi sind wohl die am wenigsten ideologisch umstrittenen, und wen wird es wundern, daß Tolstoi ideologisch der beliebtere war und bleiben wird. Ein Autor, den man – könnte man das Wort noch gebrauchen – als den größten Realisten der russischen Literatur bezeichnen kann, der als junger Mensch, nachdem er Augenzeuge vom Sterben seines Bruders Nikolai gewesen war, während der Beerdigung seines Bruders auf den Gedanken kam, ein materialistisches Evangelium, das »Leben Christi als eines Materialisten« zu schreiben; ein Autor, von dem kein Geringerer als Lenin gesagt hat: »Bevor dieser Graf zu schreiben begann, gab es in der russischen Literatur keine echten Bauern.«

Fünfzig Jahre nach der Revolution, im Jahr des hundertsten Geburtstags Lenins, gibt es Anzeichen dafür, daß – nicht etwa Tolstois, Puschkins oder Gogols Zeit vorüber ist – und doch Dostojewskijs Zeit kommt. Die ungeheure Dankbarkeit und der Respekt, den man der Literatur in der Sowjetunion zollt, haben nicht zur Folge, daß der eine den anderen ablöst – es sieht nur so aus, als würde die längst fällige Ergänzung durch Dostojewskij vollzogen. Das ist nicht immer abhängig von der genehmigten Auflagenhöhe. Manche Manuskripte von Solschenizyn sollen, nicht gedruckt, sondern privat vervielfältigt, in zwanzig- bis dreißigtausend Exemplaren kursieren. Das bedeutet einige Hunderttausend Leser. Ein solcher Autor ist, auch wenn er nicht gedruckt wird, präsent, und gewiß ist auch Dostojewskij in der Sowjetunion präsent. Der Zusammenhang der Dostojewskij-Renaissance mit einer religiösen ist unverkennbar. Ob Ost und West, über die Mauern hinweg, ihre Positionen wechseln? Gewiß nicht in ihrer Administration. Die wird im Westen weiterhin das Banner des Christentums flattern lassen, jedenfalls nicht einziehen, und der Osten wird offiziell die Flagge des Atheismus gehißt halten. Die beiden Fahnen werden weiterhin oberflächliche Beobachter täuschen. Weiterhin wird man den sozialen Materialismus, der im Westen aufkommt, als Mode abtun (für diese sozialen Materialisten müßte Tolstoi so etwas wie eine Bibel sein – er, der gesagt hat »Die Wurzel allen Übels ist das Eigentum«) – wie man die religiöse Renaissance in der Sowjetunion als Mode abtun wird. An der Verfrontung wird sich wahrscheinlich nichts ändern: die westlichen Fortschrittler werden die neue Entwicklung in der Sowjetunion als reaktionär abtun, und im Osten wird man die westlichen Vorstellungen als soziale Illusionen betrachten. Bei der Analyse der zu erwartenden Vorgänge wird ein Werk wie ›Die Dämonen‹ wichtig sein: die Ermordung Schatovs, die in dem Augenblick erfolgt, wo er ein »neues Leben« beginnen will, dieses sinnlose intellektuelle Planspiel, als Gehorsamsvehikel, das gleichzeitig magische Bindung durch Blutschuld vollzieht – sie wird sich immer wieder wiederholen. Tolstoi ist der weitaus irdischere, materiellere, stofflichere. Dostojewskij ist der spirituellere, der »ungemütlichere« auch, bis in die stofflichen Details, etwa das Verhältnis seiner Hauptgestalten zum Essen; modern ausgedrückt, sind sie alle Imbißstuben-, Würstchenbuden-, Snackbar-Esser, während man bei Tolstoi gern und ausgiebig zu Tisch sitzt.

Im Rußland des neunzehnten Jahrhunderts fielen die großen Worte Freiheit, Gleichheit, Brüderlichkeit auf einen Grund, der vom westeuropäischen völlig verschieden war. Das Verhältnis Rußlands zum Humanismus – alle Fragilität, Mißbräuchlichkeit, alle Facetten und Verfälschungen, die der Begriff inzwischen erfahren hat, vorausgesetzt – ist ein vom Westen Europas verschiedenes. Die Geschichte hat diese Worte und Begriffe Rußland anders zugetragen, und bis auf den heutigen Tag trägt sich dort alles anders zu. Auch der Begriff der Solidarität hat bis auf den heutigen Tag eine andere Geschichte und andere Selbstverständlichkeiten der Verwirklichung. Man trug und trägt dort seine politische Haft wie hierzulande seine Orden, die Ehrfurcht vor dem Gefangenen hat erst nachgelassen und wird weiter nachlassen mit dem Aufkommen einer neuen Klasse Mensch: dem sowjetischen Spießer, der haben will, wonach auch die westlichen Spießer verlangen: Ruhe und Ordnung. Die politischen Häftlinge in Tolstois ›Auferstehung‹ erkennen sehr wohl in der unglücklichen Maslova das Opfer gesellschaftlicher, also politischer Verhältnisse, und sie sind es letzten Endes, die sie an sich nehmen und befreien, auch sie als politischen Häftling akzeptieren.

Der Respekt vor Schriftstellern und Intellektuellen ist immer groß gewesen, weil sie es waren, die traditionsgemäß Veränderungen der Herrschaftsverhältnisse betrieben. Das »Samisdat«, das privat vervielfältigt und verbreitete Manuskript, das sich der Zensur entzog und doch populär wurde (wie heutzutage u. a. Solschenizyns Manuskripte) hat Tradition, und aus dieser Tradition ergibt sich ein anderes Verhältnis zur Popularität, die westlichen Intellektuellen immer noch suspekt erscheint. Wir werden es nie ganz begreifen, noch weniger exakt analysieren können, schon deshalb nicht, weil wir die Differenzen, die vielen Nuancen zwischen Sowjetrußland, den übrigen Sowjetrepubliken und den anderen sozialistischen Staaten nie ganz wahrnehmen.

Annähernd habe ich, nehme ich die russische Literatur des neunzehnten Jahrhunderts als Ganzes, so etwas wie eine Vorstellung von russisch, und in ›Krieg und Frieden‹ auch nur annähernd Tolstoi. Es gibt ja noch die ungeheuren Entfernungen, die sich im Gesamtwerk eines Autors verbergen, wie die Spannungen innerhalb des Begriffs »Slawisch«. Ist der Dostojewskij des ›Spielers‹ ein anderer als der der ›Brüder Karamasow‹? Wo bleibt da jene, mindestens gleichbleibende, möglichst permanent gesteigerte Qualität, die die Pfuels der Literaturkritik von einem Autor fordern? Als Romane sind ›Anna Karenina‹ und ›Auferstehung‹ besser als ›Krieg und Frieden‹, mit seinen vielen Zeigefingern, hinter denen das umfangreiche Personal zeitweise verschwindet, und gewiß haben schon viele kluge Leute die Schwäche des Epilogs festgestellt. Sie haben recht, er ist enttäuschend: Natascha, knapp dreißig, schon zur Matrone geworden, ein recht durchschnittliches, nicht übermäßig, aber angemessen eifersüchtiges Hausmütterchen, und Pierre kann man sich gut vorstellen, wie er da mit Nikolai und dem unverwüstlich-sympathischen Denissow, der's letzten Endes doch zum General gebracht hat, am Feuer sitzt; im Dämmer, mit einer undefinierbaren Kappe auf dem Kopf, könnte er beides zugleich sein: Großväterchen und Großmütterchen. Der ein wenig beschränkte Nikolai an der Seite einer so ungeheuer guten Seele wie Marja Bolkonskaja, die eine hervorragende Äbtissin abgegeben hätte. Und eines Tages wird da der peinliche Berg, auch längst General, hereinspazieren, und, wie ich ihn kenne, wird er den Verlust jener »entzückenden« Kommode, die im brennenden Moskau zurückblieb, beklagen und wird diesen Verlust gleichzeitig ein wenig als Heldentat genießen.

Nach soviel Aufwand, Erregung, Leiden und Leidenschaft endet alles so schrecklich normal. Hat da einer letzten Endes doch mit sehr vielen Kanonen nur ein paar Spatzen erlegt? Wird man sich nach dem reichlichen Essen nur die Weste aufknöpfen und ein bißchen auf die Regierung schimpfen? Wird nicht am Ende sogar die weibliche Leserin die Lust verlieren, sich noch mit *dieser* Natascha zu »identifizieren«? So wie der männliche Leser kaum noch Neid auf Pierre empfindet? Natürlich bleibt da allerletzten Endes der kleine Nikolenka Bolkonskij, der von seinem Vater träumt und von Pierre schwärmt und der Großes vollbringen möchte, neue Hoffnung, neuer Anfang. Mir kommt dieser Epilog wie ein bewußt gezielter Schlag vor, ein nasses Handtuch. Wäre Tolstoi überhaupt in der Lage gewesen, Kitsch zu produzieren, so hätte er es wahrscheinlich bewußt kitschig gemacht wie den vorgesehenen Titel: »Ende gut – alles gut!« Doch nicht einmal der Epilog ist kitschig, er ist ganz bewußt anti-idealistisch, scheint mir, und mag dem Wunsch des Autors entsprechen, wenigstens in seinem Werk etwas zu verstofflichen, was er nie fand: Alltäglichkeit. Für einen so wenig alltäglichen Menschen wie Tolstoi muß diese Alltäglichkeit ein Traum gewesen sein, wie es für alltägliche Menschen ein Traum sein mag, »das Leben eines Künstlers« zu führen, und diese normale Ehealltäglichkeit am Ende des Romans ist ja auf eine sehr bittere Weise in den davorliegenden Teilen des Romans in Frage gestellt. »Eine böse Sache, was?«

»Was soll böse sein, Väterchen?«

»Die Frau!« sagte der alte Fürst kurz und mit Nachdruck.

»Ich verstehe Sie nicht«, erwidert Fürst Andrej.

»Da ist nichts zu machen, Freundchen«, sagte der alte Fürst. »Alle sind sie sich gleich, und scheiden lassen kann man sich nicht. Keine Angst, ich sage es niemand. Und du weißt es ja selbst.«

Diese Anspielung auf Andrejs Verhältnis zu seiner Frau Lisa ist sarkastisch und treffend. Und hat man, wenn man dieses Happy-End liest, vergessen, daß Natascha tatsächlich bereit war, sich als Verlobte Andrejs von einem Schurken wie Anatol Kuragin entführen zu lassen? Es bleibt genug, diesem glücklichen Ende nicht ganz zu trauen. Vielleicht soll an diesem glücklichen Ende auch angedeutet werden, daß die Geschichte, große und kleine Kriege, für die, die daran teilnahmen und überlebten, zu einem kümmerlichen Gesprächsstoff zusammenschrumpft. Wenn die Kriege lange genug dauern, werden aus Hauptleuten eben Obristen und Generäle, und selbst der streitbare Denissow, der für seine hungernden Soldaten Lebensmittel raubte, im Lazarett fast verelendete, überraschenderweise zeitweise zum Querulanten wird – auch er endet in Gemütlichkeit. Ich finde dieses Ende gar nicht so happy, mag's auch so gemeint gewesen sein.

Wenige Jahre bevor er an die Niederschrift von ›Krieg und Frieden‹ ging, hat Tolstoi in einem Brief geschrieben: »Um anständig zu leben, soll man sich selbst anstrengen, verstrickt werden, ringen und kämpfen, Fehler machen, anfangen und aufgeben, wieder beginnen und aufgeben und ständig kämpfen und sich selbst berauben. Friede und Ruhe ist nichts weiter als Niedrigkeit der Seele.« Vielleicht ist dieses Zitat, das sich um viele gleichbedeutende erweitern ließe, der einzig mögliche Kommentar zum glücklichen Ende von ›Krieg und Frieden‹.

Es gäbe viel über die Person Tolstoi zu sagen, über sein Verhältnis zu »Größe«, das er an Napoleon expliziert, über seine Haltung zum »Krieg«, den er wie eine blutige und absurde Lächerlichkeit sieht, wiederum verkörpert in der Lächerlichkeit Napoleons, dessen Aktivität in der Passivität des brennenden Moskau gelähmt wird; über Tolstoi und den Westen, den Katholizismus (Helene Kuragins allerletzte Verworfenheit besteht schließlich darin, daß sie auch noch katholisch wird!). Biographisches wäre anzumerken, Tolstois ständige Erduldung des Gegensatzes zwischen Leben, Werk und Lehre, in diesem Dreieck riß es ihn dauernd hin und her, und wenn »Frieden und Ruhe nichts weiter als Niedrigkeit der Seele« sind, dann war seine Seele alles andere als niedrig. Er war kein Olympier, obwohl man ihn gern auf einige Throne gesetzt hätte, und er starb schließlich wie eine Dostojewskij-Gestalt: ganz und gar unweise, von den Widersprüchlichkeiten seines Lebens zerrissen, und es blieb ihm, auch nach dem Tode, nichts erspart; die Tür seines Eheschlafzimmers wurde weit geöffnet, sein Bettuch gelüpft; mehr Mißverständnisse und unglückselige Verkennung, auch Mißtrauen, als zwischen ihm und seiner Frau, ihm und dem größeren Teil seiner Familie, ihm und seinen Jüngern, seinen Anhängern, den Tolstoianern, kann es kaum geben. Nichts, nichts blieb ihm erspart. Keine Spur, nicht der Schimmer einer Andeutung von einem glücklichen Ende.

Haben wir unsere Neugier gestillt, den Verfasser gefunden, sein Versteck aufgestöbert? Wo und worin steckt er? In Bolkonskij, in Pierre, in Anatol Kuragin etwa, in den beiden Nechljudovs (zweimal, im ›Marquer‹ und in ›Auferstehung‹, gibt er seinen Helden diesen Namen), steckt er in Levin, der mit seiner Kitty ähnlich glücklich endet wie Pierre mit Natascha? Hat er sich in Kutusows Rockaufschlag versteckt oder in Bagrations

Tabaksbeutel? In Speranski, dem zaristischen Chefideologen? Bei Nataschas Onkel, wo die selige Wolfsjagd selig endet? Wo ist dieser Autor, dieser Mensch, von dem wir wissen, daß er im Bett eines Bahnwärters starb, vom Ruhm verfolgt und von der Reflexion des Ruhms auf seine Familie getötet. Darf ich vorschlagen, daß wir ihn in Frieden lassen? Ihm gestatten, gewesen zu sein nicht nur in Werk, Leben und Lehre, was schon ausreichen würde, *gespalten* auch noch in Bolkonskij, Besuchow, Levin und Oblonski, mit »Zügen«, möglicherweise sogar von Vronskij, einem »Anflug« von Speranskij, zwei Nechljudovs und etwa dreihundert anderen.

Und müßte man ihm nicht gerechterweise auch die Chance geben, sich in einigen Frauen versteckt zu haben und versteckt zu halten? Genügt es nicht zu wissen, daß ihm nichts erspart blieb, nicht einmal – was er als Ehre empfunden haben wird – die öffentliche Exkommunikation durch die russisch-orthodoxe Kirche? Meine Neugier ist jedenfalls gestillt, und bevor ich mich hoffnungslos verpfuele, gebe ich ihm das letzte Wort. Von Tolstoi über Menschen gesagt, könnte es uns, auf Nationen angewendet, vielleicht weiterhelfen: »Es ist ein sehr gewöhnlicher und sehr weit verbreiteter Aberglaube, daß jedes menschliche Wesen gewisse endgültige Eigenschaften habe, daß wir entweder gut oder schlecht seien, klug oder dumm, energisch oder passiv usw. Aber die Menschen sind nicht so. Wir können sagen, daß ein bestimmter Mensch öfter gut als schlecht ist, öfter klug als dumm, öfter energisch als passiv und umgekehrt, aber es wäre unrichtig, von irgendeinem einzelnen Menschen zu sagen, er sei einfach gut oder klug, schlecht oder dumm. Aber so klassifizieren wir dauernd die Menschen – und das ist falsch. Menschliche Wesen sind wie Flüsse – das Wasser, das in ihnen allen fließt, ist in jedem Fall das gleiche, aber jeder Fluß ist an einer Stelle schmal, an einer anderen breit, manchmal ruhig oder klar oder kalt, manchmal trüb und ein andermal wieder warm. Und Menschen sind genauso. Jeder Mensch hat die Keime aller menschlichen Eigenschaften in sich, alle kommen zu verschiedenen Zeiten zum Vorschein, und oftmals wird er sich charakterlos benehmen, trotzdem ist er immer noch die gleiche Person. Bei manchen Menschen sind solche Umschläge sehr plötzlich.« (›Auferstehung‹.) Vielleicht ist das ein Annäherungsversuch an sich selbst; vielleicht nicht einmal der beste, und – wie mancher Leser denken wird – zu »einfach«. Gewiß war Tolstoi selbst viel, viel komplizierter als dieser sein Annäherungsversuch an eine Definition des Menschlichen. Er war sich selbst unerklärlich.

Die Moskauer Schuhputzer

Ernst Bloch zum 85. Geburtstag

[1970]

Die Moskauer Schuhputzerinnen und Schuhputzer lassen sich Zeit und haben sie. Ihre Kabinen, mannshoch, verschließbar, mit knapp soviel Grundfläche wie ein schmales Bett, sind kleine Tempel der Würde, die, nennt man sie Menschenwürde, nur die Definition der Voraussetzung von Würde wäre. In diesen heiligen Hallen ist man schon weiter. Die dort eine scheinbar untergeordnete Tätigkeit ausüben, gleichen sich alle, als wären sie Mütter und Söhne, Geschwister. Diese Augen, die schmalen Gesichter mit langen Nasen, diese Profile kannte ich von Vasen- und Freskenreproduktionen. Ich dachte: syrisch, vielleicht assyrisch. Aus Schulbüchern mit knappen Abhandlungen über die Geschichte Kleinasiens. Später hörte ich: Man weiß nicht genau. Wahrscheinlich aus dem jetzigen Libanon, Maroniten, Vertriebene aus einer der großen Vertreibungen nach dem ersten Weltkrieg. Das Schuhputzen scheint ihr Privileg, ihr Lehen zu sein, ungeschriebenes Gesetz, wie der Verkauf gerösteter Kastanien in Rom das Privileg der Apulier zu sein scheint.

In ihren Kabinen kann der Vorübergehende nicht nur seine Schuhe putzen lassen, Fleckwasser ist vorrätig, um verschmutzte Kleider zu reinigen, Nähzeug kann entliehen werden, um abgerissene Knöpfe wieder zu befestigen, Scheren, um Fransen abzuschneiden, an Akten- und Einkaufstaschen herumzudoktern. Schuhe putzen, die Hauptbeschäftigung, geht ohne Hast, ohne auch nur die Andeutung von Unterwürfigkeit, ohne Anbiederungsversuche vor sich. Eilige Kunden, die Ungeduld zeigen, das Ritual abgekürzt haben wollen, werden durch einen ernsten Blick aus dunklen Augen und durch sanftes Kopfschütteln aufgefordert, das Ritual ungekürzt über sich ergehen zu lassen. Weihe ist Weihe, Würde Würde, Schuhe sind Schuhe, und hier kann man lernen, was das Wort ›Anwendung‹ bedeutet, das möglicherweise die annähernd rechte Übersetzung für Sakrament wäre. (Die Ehe wäre dann die Anwendung der Liebe.)

Sorgfältig, wie es sich gehört, werden die Schnürsenkel weggesteckt, die Strümpfe werden durch Pappmanschetten geschützt. Linker Schuh auf den Kothurn: Mit Bürsten verschiedener Härte werden Schmutz und Staub entfernt, flüssige Schuhkrem aus einer Flasche wird aufgetragen; rechter Schuh auf den Kothurn: die gleiche Anwendung; linker Schuh: kurze Politur mit einem Speziallappen für die flüssige Schuhkrem, das gleiche widerfährt dem rechten. Linker Schuh auf den Kothurn: Feste Schuhkrem aus einer Dose wird aufgetragen, das gleiche geschieht mit dem rechten. Linker und rechter Fuß: Blankwichsen mit einer weichen Bürste. Kopfschütteln, sanftes Gebieten mit dunklen Augen: Noch einmal müssen beide Schuhe hintereinander auf den Kothurn: aus einer Spezialflasche wird ein besonderes Glanzmittel aufgetragen, das wieder – linker Fuß, rechter Fuß – blankgerieben wird.

Die feierliche Anwendung ist vorüber. Die Zeit, die einer verloren zu haben glaubt, kommt aus den dunklen Augen verdoppelt zurück. Gewonnen, nicht verloren.

Mehr weiß ich nicht über die Moskauer Schuhputzer; sie sind Vertriebene, die hier Heimat gefunden haben; sie geben einem die verlorene Zeit doppelt zurück; ihre Profile kamen mir bekannt vor, aus Vasen- und Freskenreproduktionen, die ich in einem Schulbuch gesehen habe. Ich möchte mehr über die Moskauer Schuhputzer wissen, alles, und ich werde versuchen, es zu erfahren. Ich beneide sie.

Wer Augen hat zu sehen, sehe!
Vorwort zu ›UDSSR – Der Sowjetstaat und seine Menschen‹
[1970]

Als Voraussetzung ein Geständnis: ich mache mir nicht viel aus Pracht-Fotobänden, ob sie nun dänische, sowjetische, amerikanische oder deutsche (BRD oder DDR) Leistung in Farbe darbieten oder tschechische; die gut geklickte, gut belichtete Pracht läßt mich ziemlich kalt. Was ich aufbringe, ist Verständnis dafür, daß Völker, Nationen, Staaten, Gemeinschaften aller Art, oder auch Firmen gern vorzeigen, was sie erstellt haben oder was ihnen von der Geschichte zugestellt worden ist: etwas so Erstaunliches wie den Kreml oder die Stadt Leningrad in ihrer Gesamtheit, den Kölner Dom oder das römische Souterrain dieser Stadt, die Sehenswürdigkeiten italienischer Städte, die man aufzählen oder abbeten könnte wie einen Rosenkranz – von Verona bis Palermo. Es gibt außerdem ökonomische Leistungen herzuzeigen: Zuchtbullen, automatische Walzstraßen, faustgroße Kartoffeln, Neubauten, U-Bahn-Tunnels und den obligatorischen Blick ins lebhafte Nachtleben. In diesem Stolz, das Sehenswürdige vorzuzeigen, liegt viel Kindliches, wie bei einem Jungen, der mittags stolz einen Einser mit nach Hause bringt, verbriefte Leistung auf den Tisch legt: Seht her! so tüchtig bin ich. Da werden Schultern geklopft und Prämien vergeben, Gesichter strahlen, und das Ganze, ob nun ein Stadt- oder Fabrikdirektor einen Orden umgehängt oder der Junge mit der Eins ein Eis spendiert bekommt, hat etwas Rührendes. Schließlich strahlen Politiker und Industrielle auch gern einmal, wenn sie ein gutes, anerkennendes Wort zu hören bekommen. Hier wäre eine endlose Meditation über Repräsentation fällig, mit einem ausführlichen Anhang über das Zensurensystem – ich will sie mir und dem potentiellen Leser ersparen. Was prominent ist, hervorragt also, ist selten repräsentativ – ganz gleich, ob's sich um literarische oder politische Prominenz handelt. Da ich schon einmal bei Geständnissen bin, ein weiteres: Ich finde den Kreml herrlich, Leningrad traumhaft, die Eremitage als Gebäude und als Museum unbeschreiblich, und ich steige hin und wieder gern ins römische Souterrain von Köln hinunter. Schließlich kann man in Sehenswürdigkeiten tun, was man in fremden Städten und Ländern ausgiebig tun sollte: spazierengehen, und überall begegnet man Menschen; so wird das Sehenswürdige zwar gesehen und doch zum »Nebenbei«. Ein solcher Prachtband besteht notwendigerweise aus lauter Einsern wie das Zeugnis eines Musterschülers. Nun sind Musterschüler so problematisch wie ihre Einser, wie das ganze Leistungs- und Zensurensystem. Ich würde zum Beispiel einem Jungen, wenn ich schon gegen meine Überzeugung Zensuren erteilen müßte, eine Eins geben, wenn er in einem Diktat statt 110 Fehler nur noch 56 hätte, obwohl er mit 56 Fehlern »objektiv« wahrscheinlich noch eine dikke Sechs verdient hätte.

Soweit meine Geständnisse und Voraussetzungen. Ich habe den dunklen Verdacht, daß sie für viele Maler, Autoren, Filmleute zutreffen und daß ihretwegen so ungeheuer viele Mißverständnisse, Gekränktheiten, Dementis, Verleumdungen und Kampagnen entstehen. Ein Autor oder ein Maler kann natürlich privat hin und wieder – und das bis zu Tränen – gerührt sein, aber das, was er macht, darf niemals Rührung erwecken. Bewegung, auch innere, im Sinne des vielgeschmähten Wortes Emotion: ja. Rührung: nein. Nie. Gerührt wird nur in der Suppe, im Pudding; Teig wird gerührt (für Pfannkuchen und Waffeln etwa), und in diesem Sinne gibt es natürlich Künstler, die viel Rührung verursachen: die Genremaler zum Beispiel. Bewegung ist etwas anderes. An und in Moskau ist nichts Rührendes, auch nicht an und in Köln, dieser vielgeschmähten und durch jahrtausendealten Schmutz gesegneten Stadt, aber viel Bewegendes. Es geht hier um den materialistischen, den physikalischen Unterschied zwischen rühren und bewegen.

Hätte ich Zeit, Gelegenheit, einen guten, sehr sensiblen Kameramann, viel gutes, farbempfindliches Filmmaterial, würde ich gern zwei Filme machen. Den ersten mit den Menschen auf Moskaus Straßen, einen Film mit etwa zwei Millionen Stars und ohne Sehenswürdigkeiten im überkommenen Sinn der Repräsentation; möglicherweise würde ich inkonsequenterweise dem Kreml gestatten, den Menschen auf Moskaus Straßen und Plätzen mal kurz über die Schulter zu gucken; in meinem Film würde man kein einziges Auto sehen, nur Fußgänger, diese ununterbrochen strömende, sich bewegende Menge von Millionen Menschen, die ich nicht als »Masse« empfinde; vielleicht würde es sogar genügen, mit einer Kamera ganz langsam, dem Kreml abgewandt, an der kilometerlangen Menschenschlange vorbeizufahren, die auf dem Roten Platz dort ansteht, um einen Blick auf den einbalsamierten Lenin zu werfen; zuerst nur Gesichter, dann nur Beine, nur Hände, schließlich die Leiber; wieder Gesichter. Wahrscheinlich würde den meisten Zuschauern ein solcher Film unbeschreiblich monoton vorkommen, weil sie, obwohl sie fast nur noch sehen, den biblischen Spruch vergessen haben: Wer Augen hat zu sehen, der sehe! Dann müßte jemand einen ähnlichen Film über London machen, einen über New York, über Berlin (Ost und West), über Rom, über Peking, und vielleicht würde man dann annähernd wissen, was das ist: ein Sowjetmensch, ein Brite, ein Amerikaner, etc. Einfall für einen utopischen Film: eine Million Sowjetbürger, die durch New York, eine Million Amerikaner, die durch Moskau, eine Million Deutsche, die durch Peking spazierengehen. Die einzig wahre, einzig mögliche Form der Invasion, auch die einzig mögliche Art der »Völkerverständigung«, die ja eines Tages zur Völkerverständigung werden sollte. Im Sinne der letzteren ist ein solcher Fotoband in jedem Fall zu begrüßen; er ist geeignet, Augen zu öffnen, Vorurteile zu korrigieren und auf spätere Spaziergänge in diesem Land vorzubereiten, das uns und dem wir immer noch zu fremd sind. Da er außerdem einen Überblick über die sowjetische Literatur enthält, bekommt er den Hintergrund, der einer bloßen Foto-Auswahl fehlen würde. Außerdem bin ich immer noch und immer wieder bereit, der Sowjetunion, ihren Völkern und deren Menschen die Vorgabe anzurechnen, die ihr und ihren Bewohnern immer wieder verweigert wird, obwohl sie ihr und ihnen geschichtlich zusteht: das Ausmaß an Zerstörung, Verbrechen und Mord, das auf ihrem Territorium zwischen 1941 und 1945 verübt worden ist; diese bisher nicht ausgemessene Vorgabe hebt das, was die Sowjetunion vorzuzeigen hat, in eine andere Dimension und macht auch ihre »Einser« mehr bewegend als rührend. Und wenn ich einen Film machen möchte, nur mit Gesichtern, Händen von Sowjetmenschen (auf ihre Beine müßte ich wahrscheinlich verzichten, weil ich zum Thema Bekleidung, Unterabteilung Fußbekleidung, eine ganze Soziologie, Philosophie und Theologie der Kleidung unter Berücksichtigung des sogenannten Ost-West-Gefälles liefern müßte, um Hochnäsigkeit und Snobismus westlicher Beschauer eines solchen Films aufs gehörige Maß zu reduzieren) – dann nur, weil ich Menschen und ihre Gesichter für die wahren Sehenswürdigkeiten halte.

Der zweite Film, den ich unter den gleichen technischen Voraussetzungen gern machen würde: über alle Variationen und Stationen des Tauwetters in Moskau nach einem langen und harten Winter; ein Film zwischen schneeweißer Reinheit und jenem dreckigen, ölig-gelben Schwarz, zu dem sich etwas, das einmal Schnee gewesen sein mag, an den großen Moskauer Ausfallstraßen auftürmt. Der adlige Schnee, der proletarische Schnee, der bürgerliche Schnee, der klassenlose Schnee, der heilige Schnee, der erniedrigte und beleidigte Schnee, der Schnee auf den Straßen, auf den Hinterhöfen; eine ganze Hierarchie des Schnees: wie er in verkehrstechnisch relativ unwichtigen Nebenstraßen liegenbleibt, zu Eis getreten und gefahren wird, während gleichzeitig die großen Boulevards und Prospekte sauber und schneefrei sind. Natürlich müßte in einem solchen Film auch die Lösung der ungeheuer interessanten technischen Probleme gezeigt werden, die in einer riesigen Stadt wie Moskau durch Schnee und Eis entstehen: Wo sitzt der Mensch, der für Eis und Schnee in Moskau verantwortlich ist, wie heißt er, welche Armee von Hilfskräften steht ihm zur Verfügung, wer hat diese Apparate erfunden, die ein wenig an Schiffsschrauben erinnern und mit denen der Schnee automatisch auf Laufbänder, von Laufbändern auf Lastwagen transportiert wird? Hat er – wenn schon Orden – je einen Orden bekommen? Blickt der Hauptverantwortliche nachts mit umwölkter Stirn, mit seinem Pyjama bekleidet, sorgenvoll zum Himmel, wenn er gerade die wichtigsten Straßen schneefrei hat und Neuschnee fällt? Diese schneeweiße Schneeunschuld, die ihm wahrscheinlich einen Fluch entlockt und ihn veranlaßt, zum Telefon zu greifen und jene Räumwagen zu mobilisieren, die zu dreien oder vieren, exakt hintereinander gestaffelt, die großen Boulevards und Prospekte von dieser lästigen, vom Himmel fallenden Unschuld befreien? Das Faszinierende an Moskau im Tauwetter ist die Gleichzeitigkeit verschiedener Winterstufen: ganze Schneegebirge in Höfen, als würden sie dort für eine schneeknappe Zeit gestapelt, während auf den Straßen schon Frühling herrscht; in absönnigen Straßen hacken Frauen mit Brechstangen halbmeterdicke Eisschichten los, während einige hundert Meter weiter die Menschen schon auf Plätzen in der Sonne sitzen; in diesen Straßen fröstelt man, während man einige hundert Meter weiter den Mantel auszieht. Schließlich: das Wasser, es tropft von Dächern, fließt aus abschüssigen Straßen – wiederum nach unerbittlichen physikalischen Gesetzen – in tiefer gelegene, bildet Pfützen, staut sich an verstopften Kanälen; auf der geringsten Unebenheit von Asphalt oder Pflaster bildet sich ein kleiner See; Frauen schieben und schaufeln von den Riesendächern der Moskauer Altstadt meterhohen, halb schon zu Matsch gewordenen Schnee auf die Straße, die abgesperrt werden muß. Bäche verschiedener Farbe, verschiedener Größe, je nach Abschüssigkeit, entstehen. Letzten Endes wäre der unvermeidliche Blick in die Abwässerkanäle zu werfen, wo diese gurgelnden, schmutzigen Wassermassen, die einmal schneeweißer Schnee waren, mit Moskauer Straßenstaub und Dächerdreck vermischt, Moskau endgültig verlassen. Ein solcher Film würde – nach den Maßstäben eines realistischen Autors gemessen – auch aus lauter Einsern bestehen: eine Eins für den Cheforganisator der Moskauer Schnee- und Eisräumkommandos, für den Konstrukteur des Schnee-Schaufelfließbandes, lauter Einser für die Frauen, die auf den Dächern Schnee schaufeln, für die Männer, die unten auf der Straße die Absperrung bewachen und Passanten vor Unheil bewahren, und natürlich für die Ingenieure, die die Abwässerkanäle entworfen und gebaut haben und den zu Wasser gewordenen Schnee seiner Vergänglichkeit überliefern. Ein solcher Film müßte natürlich in Farbe sein, und er würde, fürchte ich, als abstrakt, als gegenstandslos empfunden, obwohl er keinerlei Fiktion, nur organisiertes Material, das, was man gemeinhin Wirklichkeit nennt, enthalten würde. Vielleicht wäre ein solcher Film, an dem nichts erfunden, der nur komponiert wäre, geeignet, törichte Vorurteile gegen Kunst zu korrigieren. Außerdem denke ich, der Schnee Rußlands, der Schnee Moskaus, der Schnee der Sowjetunion hätte ein Denkmal verdient; der lange und harte Winter mag von vielen Bewohnern Sowjetrußlands als Fluch empfunden werden, zweimal war er ganz gewiß ein Segen: in den Jahren 1812 und 1941. Schließlich dürfte auch in einem solchen Film – und das aus materialistischen, nicht aus metaphysischen Gründen – der Himmel nicht vergessen werden, der den Schnee immer dann herabfallen läßt, wenn er »geschichtlich« notwendig wird. Und beide Filme, glaube ich, wären nicht rührend, aber bewegend.

Ein paar Worte müssen gesagt werden über die Autoren und Künstler, die unbedingt *auch* in die Abwässerkanäle blicken wollen; man verdächtigt sie so gern, daß sie es drauf abgesehen haben, nur den Schmutz zu sehen, die Slums, die Krüppel, das Nicht-Repräsentative; für sie, diese merkwürdigen Autoren, ist eben etwas anderes repräsentativ, jenes nie erfaßbare Etwas, das man Leben nennt und unter dem jeder etwas anderes versteht, wie jeder etwas anderes versteht, wie jeder etwas anderes unter Wirklichkeit versteht. Diese bestimmte Sorte von Autoren, die

– real wie symbolisch gesprochen – unbedingt in die Abwässerkanäle blicken wollen, sind die einzig wahren Realisten, auch wenn sie aus den Materialien Schnee und Moskau abstrakte Filme machen möchten; Schnee in Städten hat das Schicksal, zu Wasser und schmutzig zu werden, zum Segen für die Menschen, die nicht in ewigem, reinem Schnee leben möchten; dort wo der ewige, der reine Schnee liegt, kann man nur unter künstlichen Bedingungen leben.

Hülchrather Straße Nr. 7
[1971]

Natürlich fragt sich manch einer, warum man in solche Großstadtschluchten zurückzieht, wenn man fünfundzwanzig Jahre lang im Grünen gewohnt hat und dort hätte wohnen bleiben können; vielleicht zieht man nur um, um den mißlichen Zwang eines dauernd nach Pflege schreienden Rasens loszuwerden und dem Motorenlärm der Rasenmäher zu entfliehen, dem Traum vom englischen Rasen, der so unerfüllbar ist wie der Traum von einer Demokratie Schweizer Art.

Hier, hier ist es still, stiller als auf dem entlegensten Dorf, wo irgendwo doch immer ein Traktor brummt, Jugendliche ihre Mopeds ausprobieren, wo Städter unermüdlich ihren Zweitrasen schneiden; hier braucht nicht jeder wildwuchernde Busch – wie's uns da draußen so oft geschah – gestutzt, noch einmal gestutzt, letzten Endes auf ein Stummeldasein reduziert zu werden.

Hier zeigen die Vorgärten offen, was sie sind: zwischen Autos und Fassaden eingeklemmte Armseligkeiten, nicht einmal den Kindern zum Spielen freigegeben.

Der Stadtteil ist zum größten Teil nach 1890 erbaut; Zeit einer ersten Bodenspekulation; Jugendstilfassaden, die Straßennamen klingen noch nach dem Triumph, der damals erst zwanzig Jahre zurücklag und noch frisch im Ohr klang: Sedan, Wörth, Belfort, Weissenburg; eine selbstbewußte Zeit, die unerschrocken den beginnenden Jugendstil in seinen verschiedensten popularisierbaren (vulgarisierbaren) Formen aufnahm und eine bemerkenswerte Vorliebe für langhaarige Weiber entwickelte, die über Haustüren melancholisch den Eintretenden begrüßen oder mit gekonnter Tristesse Balkone stützen. In solchen Straßen, solchen Wohnungen sind wir beide großgeworden, haben wir gespielt; von solchen Häusern aus sind wir zur Schule gegangen – bis das Vaterland rief, den einen weg, während die andere zurückblieb, in einem ähnlichen Haus, in einer ähnlichen Wohnung. Es ist der Weg zurück in die Stadt, in die Vorstadt, zurück in eine mehr als dörfliche Stille, die sich hinter den Fassaden in riesigen, durch Mauern und Dachgärten verwinkelten Höfen verbirgt; aus der Schein-Individualität, der in Wirklichkeit total genormten Weekend-Gartenaktivität des Vororts im

Grünen, zurück in die Anonymität, oder sollte man sagen: Urbanität?

Natürlich muß man hier die knappen Gehwege, die außerdem noch halb von parkenden Autos besetzt sind, mit den Hunden teilen, die notgedrungen, notwendigerweise und ungeniert hier wenig Heil anrichten; sie dürfen alles, sie dürfen dort, wo Kinder spielen, Kinderwagen parken; sie dürfen; natürlich müssen sie auch, aber sollte ein Hund überall müssen dürfen? Die Folgen sind verheerend – wann kommen Städteplaner endlich auf die Idee, Hundeaborte einzurichten? Oder sollten Hundebesitzer verpflichtet werden, das Hunde-Muß zu beseitigen?

Und dann gibt es ganz in der Nähe, kostenlos zu besichtigen, noch ein anderes, möglicherweise das entscheidende Umzugsmotiv: den Rhein. Fast fünfzehn Jahre lang wohnten wir zu weit von ihm entfernt, war der Rhein nur Ausflugsziel. In seiner permanenten, wer weiß wie alten Vergänglichkeit sagt er nichts, indem er für sich selbst spricht; er ist beruhigender als das Rasenmäherkonzert, und seitdem sein Wasser so schmutzig ist, daß es zum Autowaschen nicht mehr verwendet werden kann, bleibt er gänzlich unberührt von den Wochenendmechanismen, wird von Eimer, Schlauch und Schwamm nicht mehr in seiner schmutzigen Majestät gestört. Natürlich ist er alt und doch vollzieht er ständig und täglich eine totale Erneuerung, im Gegensatz zu den Institutionen, die seine Ufer beherrschen.

Die Kinder sind zu einer anderen Zeit als die Hunde auf der Straße, sie treten sozusagen täglich deren Erbschaft an und spielen in deren Hinterlassenschaft; viel Platz ist da nicht, wo beiderseits Autos parken, die Vorgärten zu betreten verboten, wenn auch nicht unmöglich ist; es bleiben die schmalen Gehsteige zwischen Autos und Vorgärten, bleiben die Hauseingänge, und nicht einmal die Gossen, in denen man immerhin noch mit Klickern spielen könnte, sind frei. Hier wäre manches »zu unserer Zeit« fällig, und manches »als unsere Kinder noch klein waren«; immerhin hatten unsere Kinder noch so unersetzliche, künstlich schwer zu erstellende Spielplätze wie die Trümmer, es waren kaum Autos auf den Straßen, sehr selten einmal ein Hund, und die Trümmer erlaubten eine freie Entfaltung so widersprüchlicher oder einander ergänzender Spieltriebe wie Zerstören und Bauen, sie waren, jedenfalls so ums Jahr 1950 herum, dicht bewachsen, Ruinenparks; aber damals hat so manch einer die Trümmerkinder bedauert, die gar nicht so bedauernswert waren, spielende Kinder, auch in Dörfern, sind immer gefährdet, und Eingeweihte wissen längst, daß die berühmten Sandkästen, von denen einer auf einige tausend Kinder kommen mag, im Dunkeln, wenn die Kinder schlafen, für einige hundert Hunde willkommene Aborte sind; nicht nur die Straße, auch der halbe Bürgersteig gehört den Autos, und natürlich wird sich das Problem auf die Länge der Zeit von selbst lösen, durch Geburtenrückgang. Dann werden endlich Autos, Erwachsene und Hunde unter sich sein. Dann wird es auch keinen Ärger mehr mit den Vorgärten geben, sie werden alle aussehen wie Bühnendekorationen für Beckett-Stücke.

Wer wundert sich, daß die Lieblingsbeschäftigung der Kinder das Schießen ist, nachgeahmtes oder mechanisch produziertes Rattern und Sägen von Maschinenpistolen? Knallen, Geheul – und wer würde sich wundern, wenn ihre Aggressivität sich eines Tages gegen ihre Konkurrenten, die Autos, richten würde, die ihnen den Spielraum wegnehmen, ihnen die Gosse versperren; wann wird das große Gekratze, Gekritzel beginnen? Es sind brave Kinder, auch wenn sie soviel schreien und schießen: das große Tabu, das Auto, verletzen sie nur selten, und wenn, dann ungewollt.

Beherrschend für das Viertel ist das große Schloß mit der weitläufigen Fassade, es zieht viele Besucher an, weil in ihm die große Dame mit den verbundenen Augen residiert; sie entscheidet über Ehen, Scheidungen, Miet- und Wohnungsstreit, Beleidigungsklagen, klärt Besitzverhältnisse; es wäre ungerecht zu sagen, die Dame in ihrem Schloß wäre unproduktiv; eins wird ganz gewiß in ihrem Herrschaftsbereich produziert: Staub, jener besondere Staub, der sich in und auf Akten sammelt; die Dame erteilt Nummern, Termine, verhört Zeugen, Kläger, Beklagte; ihre Kunden, die Bittsteller, die nach Recht verlangen und um Gerechtigkeit begehren, bebend vor Ungeduld, weil Termine drohen, umkreisen sie die Häuserblocks, um irgendwo eine Lücke zu finden, und wenn sie keine finden, parken sie eben dort, wo's verboten ist, parken sogar dort, wo's Halten verboten ist; abgehetzte Anwälte, die rasch ihren Talar überziehen, mit Aktenordnern und -taschen sich zur Audienz ins Schloß begeben – da findet so manche rasche Verwandlung statt, die sichtbaren Türhüter sind freundlich, die unsichtbaren Türhüter, ich nehme an, sie lächeln, nicht verächtlich, eher traurig, wohl weil sie ahnen, daß hier auf ewig Mißverständnis herrscht: Mißverständnis über die verschiedenen Arten der Wörtlichkeit, die permanent hier aufeinanderprallen, die Wörtlichkeit der Eingeweihten und Einverstandenen mit der der anderen, die nicht begreifen können und wollen, daß geschriebenes, gesprochenes Recht eine andere Wörtlichkeit hat als ihr Streben, Gerechtigkeit zu erlangen. Da wird, was klar schien, unklar, geschriebenes, gesprochenes, ausgelegtes und gedeutetes Recht hat eine andere Dimension als jener Wunsch nach Gerechtigkeit, der eine andere Selbstverständlichkeit hat als in diesem Labyrinth sichtbar wird. Was so klar als Recht schien, wird in einer anderen Wörtlichkeit unklar, es findet Reibung statt, Aufreibung auch, eine offenbar unvermeidliche Umwälzung von Worten, die sich unvermeidlicherweise in Akten niederschlagen, Staub anziehen, der aus Archiven in die Flure, aus den Fluren in den Verhandlungsraum, um viele Worte vermehrt aus dem Verhandlungsraum in die Flure, aus den Fluren wieder in die Archive zurückbefördert wird.

Die Schule im Hof des Nachbarblocks erspart uns den Wecker, wenn wir nicht vor halb acht aufstehen wollen; die langsame, stetig anschwellende Addition von Kinderstimmen, noch nicht mit Pausenfröhlichkeit, noch gedämpft; kein unangenehmer Wecker. Die Pause gegen 10 erspart den Blick auf die Uhr, und wer bis jetzt noch nicht wach ist, wird's unweigerlich; die Vehemenz kurzfristiger Befreiung erfüllt den benachbarten Hinterhof; Halbzeitlärm, der in der Pause gegen zwölf sich steigert, weil das Ende nahe ist. Die Entfernung von unserem Schlafzimmerfenster zum am nächsten gelegenen Unterrichtsraum mag drei oder vier Meter betragen; wenn hier und dort die Fenster offen stehen, im Sommer oder an warmen Herbsttagen, kann man, im Bett liegend, am Unterricht teilnehmen: seine Kenntnisse in Heimatkunde, Rechnen, Singen auffrischen; jugendliche Besucher lassen es sich nicht nehmen, vom Schlafzimmerfenster aus unmittelbar, vorsagend natürlich, Vorschläge hinüberrufend, in den Unterricht einzugreifen, hin und wieder auch ein gerade gesungenes Liedchen mitzusingen. Spätestens gegen viertel nach eins tritt Stille ein, nicht einmal gestört durch Radios, Transistoren oder Fernsehlärm.

Da wir keine schulpflichtigen Kinder mehr haben, verschlafen wir manchmal, wenn der Wecker gegen einhalb bis viertel vor acht nicht funktioniert, und stellen fest: Es sind Ferien oder es ist Feiertag. Dann wird die Stille fast kathedral, der leere Schulhof mit seinem hohen Baum lädt zur Meditation ein: Wieviel Kinder mögen hier schon durchgewandert, abgewandert sein?

Ständig da und jeden Augenblick vergangen, Deutschlands

Strom; wenige Kilometer nördlich von hier tritt er in sein schmutzigstes, giftigstes Stadium – was nützt da die Aufzählung von Geschichte, auf die man so stolz ist, die man in jedem Kubikmeter aufgewühlter Erde hier findet: vorrömische, römische, fränkische, merovingische Scherben und Steine? Hier – das weiß jedes Kind – wird viel Geld verdient, das anderswo verachtet und doch gern genommen wird. Merkwürdig, daß in diesem Land, in dieser Stadt am Rhein die Geschichtslast den Fortschritt nicht verhindert, eher fördert. Wo die ältesten Kirchen stehen, werden die modernsten gebaut, wo die älteste Brücke über den Rhein führte, wurde die modernste gebaut. Es können hier nicht alle Mißverständnisse über den Rhein und das Rheinländische geklärt werden. Man kann am Tegernsee gut über das Geld, das hier oben verdient wird, spotten, weil man die Luft, die aus dieser Art Geldverdienen entsteht, nicht ständig atmen, das Wasser, das durch diese Art Geldverdienen entsteht, nicht ständig als ungenießbar ansehen muß.

Es ist sehr leicht, von Fulda oder Rott am Inn aus von der heilen Welt zu sprechen, mit der man die heile Herrschaft meint, wenn man nicht ständig mit dem Unheil dieser Herrschaft konfrontiert ist. Ein Fluß, in dem man nicht mehr baden kann, ist kein Fluß mehr, sondern ein Abwässerkanal, und baden konnte man im Rhein schon um die Mitte der 50er Jahre nicht mehr: Wenn wir unsere Kinder manchmal hineinließen, kamen sie mit ölig gelben Unterhöschen heraus. Heil dir im Siegerkranz! Und natürlich steht sie, die Wacht am Rhein, die Union der festen Hand.

Man nennt solche Wohngegenden, wo die Hunde mehr Freiheit haben als die Kinder, Ballungszentren. Das ist ein hübsches Wort. Hier ballt sich auch der unerbittliche Müll, den man neuerdings Konsummüll nennt; weh dem, der nicht weiß, wann die Müllabfuhr kommt: am Montag, und wenn der Montag ein Feiertag ist, kann's Mittwoch oder Donnerstag werden, weil der Stufenplan geändert werden muß. Natürlich sind auch die Mülleimer die ständigen Spielkameraden der Kinder; sie stehen dort, wo noch ein bißchen Raum für spielende Kinder geblieben ist: in den Hauseingängen, offen, oder schamhaft bedeckt, und natürlich sind die Müllmänner die sehnlichst erwarteten Befreier. Sonntags abends setzt der Run auf die Mülleimer ein, werden rasch noch Papiersäcke gefüllt, nach unten gebracht, bevor der Müllwagen kommt, der prompt die unvermeidliche Verkehrsstauung verursacht, er ist breit genug, die Einbahnstraße zu blockieren, Rechts- oder Linksabbiegern Ungeduld zu verursachen, die Straßenkreuzung zu verstopfen, und wenn dann noch, was gelegentlich vorkommt, in der Nachbarschaft ein Lieferwagen die Einbahnstraße verstopft, setzt das so fröhliche wie sinnlose Hupen ein. Auf diese Weise kann man – von oben herab – die Absurditäten beobachten und – wenn man nach unten herabsteigt – die gesteigerte Vergiftung der Atemluft feststellen, in der um diese Zeit die nichtschulpflichtigen Kinder spielen. Sie sitzen mit ihren Puppen, Autos und Pistolen zwischen den Containern für Wohlstandsmüll, der von fröhlichen Ausländern abgeholt wird.

Es sind Italiener, Türken, Griechen, Marokkaner, die umsichtig und würdig die Straße von dem großen Alptraum einer ständig wachsenden Müllawine befreien; auf Extrakartons mit Müll sitzend, gelegentlich auch auf den Eimern oder auf Türschwellen unter den melancholischen Jugendstildamen, verzehren sie ihr Frühstück, lassen sich durch Hupen nicht beunruhigen. Was wären wir ohne sie? Verloren. Es erübrigt sich, ihren Fleiß und ihre Umsicht zu loben, die Eleganz, mit der sie die Mülltonnen an dicht parkenden Autos vorbeirollen, ohne ein Krätzerchen zu verursachen. Die meisten kommen aus sonnigen Ländern nach Nifelheim hier in den Norden, in das Land, durch das Siegfried nach Burgund, nach Worms ritt. Selten wird da, wo die Sonne scheint, viel Geld verdient und wohl kaum gibt es dort viel Wohlstandsmüll – das meiste Geld wird unter grauem Himmel verdient, wo die Menschen wahrscheinlich aus Angst und Verzweiflung arbeiten.

Abends, kurz vor acht, kurz vor Beginn der Tagesschau, sieht man sie oft am Kiosk, wo's Zigaretten, Alkohol und das lokale Boulevardblatt gibt; nicht nur sie, viele andere aus der Nachbarschaft, die rasch, bevor's am Fernsehschirm losgeht, noch Zigaretten, Bier oder Limonade brauchen; meistens kommen ihre Kinder, die noch nicht so recht deutsch verstehen, Geld hinhalten, den Namen einer Zigarettenmarke radebrechen oder »Bier« in den verschiedensten südländischen oder orientalischen Artikulationen murmeln. Hin und wieder, nicht selten, holt sich hier ein einsames Männer- oder Frauenherz die tröstende Flasche Schnaps.

Der Kiosk ist die letzte Rettung, wenn Kaffee und Zigaretten ausgehen oder wenn man rasch noch einen Krimi erstehen möchte. Natürlich gibt's auch Bonbons und Schokolade, Negerküsse und Waffeln – all die Nichtigkeiten, die an Kindheit erinnern, ein bißchen an Kirmes und Jahrmarkt.

Die Straße hat natürlich eine Geschichte, auch eine soziale. Ich nehme an, als sie vor etwa siebzig Jahren entstand, wohnten hier Gerichtspräsidenten und Landgerichtsdirektoren – sie galt wohl als vornehm, als eine gute Adresse; inzwischen hat sich das, etwa seit 1918 und noch einmal nach 1945 verändert und gemischt, und das macht die Straße so angenehm, macht sie weniger isoliert als einen Villenvorort; hin und wieder erkennt man jemand, der zum zweiten oder dritten Mal aus einem bestimmten Haus kommt – und man weiß: dort wohnt sie oder er, und wenn er dann den grünen Volkswagen besteigt oder den weißen Renault, dann weiß man, der ist die oder der, der den grünen Volkswagen fährt oder den weißen Renault. Es stehen teure Autos rum, Mittelklasse und billige, die Visitenkarte der Straße. Natürlich sind die meisten Fußgänger, Straßenbahnfahrer, Radfahrer vielleicht. Es ist ohnehin weniger mühevoll und geht rascher, wenn man mit der Bahn ins Stadtzentrum fährt, oder zu Fuß geht; und so hält manches Auto, das eigene eingeschlossen, nur tagelang die Gosse besetzt, weil, wenn sich eine Lücke öffnet, sofort der nächste sie wieder schließt.

Die abendlichen Spaziergänger sind meistens ausländische Arbeiter, allein, mit Frauen, mit Frauen und Kindern – wahrscheinlich, um wenigstens für eine Stunde oder zwei den engen Wohnungen zu entfliehen; um's Geld für einen Kaffee zu sparen, spazieren sie, sauber gewaschen, mit ihren ernsten Bauerngesichtern unter dem Himmel von Nifelheim daher, fremd sich fühlend – so fern von Portugals oder Marokkos Himmel, so weit entfernt von den Männercafés, in denen man Domino oder Billard spielen kann. Sie kommen meistens aus den Hinterhäusern der Nachbarstraßen, wo sie zu Hunderten wohnen und sich erstaunt in diesem Land umsehen, von dem sie lange nicht wissen werden, ob es nun unfreundlich oder nur so sehr fremd ist; ob die Fremdheit Unfreundlichkeit vortäuscht oder die Unfreundlichkeit nur eine Erscheinungsform der Fremdheit ist. Die Stadt ist nicht fremdenfeindlicher und nicht fremdenfreundlicher als andere, und die sogenannte Kontaktarmut betrifft nicht nur die Fremden, auch die eigenen Landsleute.

Eines Tages, so denke ich mir, wird es den Fußgängern erlaubt werden müssen, über die Dächer langsam voranschleichender Autos hinweg zu spazieren, und so, Schritt für Schritt, die Autos zu überholen. Man sollte für alle Fälle schon, wenn man weiterhin Autos und Autos und Autos in die Städte hineinpumpt, eine Art strapazierbaren Bodenbelags für Autodächer erfinden, und die Satiriker unter den Karikaturisten könnten sich vielleicht des Themas annehmen, denn es wäre viel bekömmlicher für die Fußgänger, über den Autos als neben ihnen herzuspazieren, und vielleicht ließen sich auf diese Weise sogar Autodächer zu Kinderspielplätzen, beweglichen, umfunktionieren; eine Art Spielrolltreppe für Kinder, Laufbänder, eins hin, das andere zurück, so daß die Kinder und auch Erwachsene ungefährdet und kostenlos natürlich, stadtein- und stadtauswärts über den Autodächern sich bewegen könnten. Fahrbare kleine Schwimmbassins, Ping-Pong-Tische – der Phantasie sind keine Grenzen gesetzt; man könnte auch die Autofahrer verpflichten, Liegestühle oder Bänke auf ihren Dächern mitzuführen.

Dann brauchte man nicht einmal mehr diesen permanenten, seit 1945 anhaltenden, immer neue Objekte findenden und erfindenden Wühlsinn, der nie und nimmer, aber auch niemals Ruhe geben wird, weil man 1970 baut, was 1960 hätte gebaut werden müssen und 1980 wahrscheinlich bauen wird, was 1970 hätte gebaut werden müssen – weil man alles das baut, was man 1945 schon hätte bauen müssen. Die Tristesse, die von den ständigen und stetigen Baustellen ausgeht, liegt vielleicht in der Tatsache, daß keiner – und mag er sich noch so fortschrittlich geben, es sogar sein, tatsächlich an die Zukunft zu glauben scheint; so wird ständig nur Versäumtes nachgeholt, und was 1960 versäumt wurde, kann man 1970 nicht nachholen, man müßte es wenigstens für 1980 bauen, und dann würde es, wenn es fertig würde, doch schon 1982 wieder nachgeholt sein. Es ist ein ständiges, absurdes Nachholen. Leute mit Straßenparkplatz in dichtbewohnten Vierteln, den so hübsch als Ballungszentren bezeichneten, kennen den Kummer, die Parkplatznot, die so erfinderisch macht, daß man auf die Dauer erkennt: Zu gewissen Zeiten ist es billiger, das Auto zum Waschen wegzugeben, als wieder einmal im Halteverbot zu parken. Wenn ich zu meiner Tankstelle will, muß ich, da ich am Ende einer Einbahnstraße wohne, und weil durch schwer durchsichtige U-Bahn-Bauten der Weg nach vorne in komplizierte Sackgassen führt – ich muß um zwei, drei Häuserblocks herum, muß mindestens eine zweikilometerlange Acht fahren – aber da ich meistens den Anschluß in die zweite Schleife der Acht verpasse und – aufgrund täglich wechselnder Umleitungen und neuer Sackgassen dann in relativ weit entfernten Vororten ankomme oder an der dicht befahrenen, autobahnähnlichen Umgehungsstraße scheitere, die, wenn ich sie überquere, mich in entlegene Einbahnstraßen ablenkt, so daß der Heimweg nostalgisch-unfindbar wird – aus diesen Gründen überlasse ich es einem meiner Söhne, das Auto aufzutanken, Öl wechseln zu lassen.

Die angestrebte Urbanität ist erreicht, wenn man im Umkreis von zwei–drei Minuten alle Einkäufe erledigen, aller Dienstleistungen teilhaftig werden kann: Friseur und Schuhmacher, chemische Reinigung, unerläßlich unter diesem Himmel, der ständig Schmutz regnet; den Bäcker, Metzger, das Milch- und Lebensmittelgeschäft, Zigaretten und Zeitungen, Blumen, die Wäscherei, die Büglerei, den türkischen und italienischen Lebensmittelladen – und natürlich den Chrom-Riesen, der alles hat, alles zeigt, alles hergibt. Das große, weitgeöffnete, einladende Wunder der Verkaufspsychologie. Er, der große Chrom-Riese, ist der Herr der Heerscharen, sauber, bequem, lächelnd – alles liegt da, als wäre es geschenkt. Wird er sie alle schlucken? Eines Tages auch die Schuhe reparieren, die Wäsche waschen und bügeln, Anzüge reinigen? Ich hoffe nicht, und ich glaube nicht, weil der strahlende Riese nicht der ihn umgebenden Architektur entspricht. Diese Straßen mit ihren Hinterhöfen und Anbauten werden noch eine Weile dem ihnen verordneten Strukturwechsel trotzen. Der große Riese ist modern, und es bedeutet nichts, modern zu sein – modern, moderner als in Großstädten ist man auch auf dem Land und in den Kleinstädten. Die Behauptung, Städte wären traditionsfeindlicher als das Land, trifft nicht zu und ist nie zugetroffen. Je größer eine Stadt, desto mehr Altmodisches, Abseitiges erhält sich ihr – wie es an den Beispielen Berlin, London und New York zu beweisen wäre. Städte haben mehr Geduld, mehr Verstecke – und mehr Bedarf an Dienstleistungen, auch mehr Toleranz gegenüber allem, was nicht so brandneu ist. Urbanität besteht in der Duldung von Erscheinungen, die statistisch längst abgeschrieben sind – Urbanität kann es auf dem Land nicht geben.

In der Nachbarschaft haust schon der Abbruchhammer. Er schlägt große, völlig intakte Wohnhäuser und Villen um, im Auftrag jener unerbittlichen Gottheit, die Profit heißt und ihre Opfer fordert – und wenn der Abbruchhammer gesiegt hat, wird man jene Häuser bauen, die man vielleicht 1951 hätte bauen sollen. Sie werden den Schuhmacher, dem die Kinder noch zuschauen können, nicht mehr dulden, auch die Büglerei nicht – vielleicht ist es angemessener im Jahre 1907 zu wohnen, wo die Herrschaft sich noch offen und spendabel zeigte: die Familie, die damals schon an Grundstücken reich wurde, an denen inzwischen noch zwei- oder dreimal andere reich geworden sind, stiftete noch eine ganze Kirche von domhaftem Ausmaß – komplett eingerichtet.

Und in dem 1972 gebauten 1951 wird kein Platz mehr sein für Altmodisches, Abseitiges, für Geduld und Toleranz. Profit und Urbanität schließen einander aus.

Die Heuchelei der Befreier

Vortrag zur Pornographie-Diskussion auf der Nürnberger Tagung des PEN-Zentrums der Bundesrepublik

[1971]

Ein mögliches Mißverständnis möchte ich von vornherein ausschließen. Im Zusammenhang mit dem Thema Pornographie interessiert mich nicht irgendeine staatliche oder kirchliche Legalisierung oder Legalität. Pornographie heißt Dirnenliteratur, weniger von und für als über Dirnen. Die beiden eben zitierten Ordnungsmächte haben, in jeder Erscheinungsform oder konfessionellen Variante, Prostitution nie ganz legalisiert und doch immer geduldet. Die Exekutive drückte Augen zu, kassierte mit, gelegentlich auf dem Umweg über Erpressung. Auch die Kirchen schämen sich nicht, im Rahmen unserer Steuergesetzgebung ihren Anteil an dieser Form der Ausbeutung einzustecken.

Ich möchte dieser Heuchelei nicht allzu viele Zeilen widmen. Es bleibt nur noch die Frage zu beantworten, was die Legislative, die ein Gewerbe duldet, dessen Aufkommen an Steuer höher liegen dürfte als das einiger Stahlkonzerne – was sie dazu berechtigen könnte, Pornographie zu verbieten? Nichts. Pornographie, philologisch beim Wort genommen, wäre auch Information und Aufklärung über die Arbeitswelt dieser Kaste, der man angesichts der verkorksten Geschlechtlichkeit unserer Gesellschaft oder Kultur so gern die Funktion des sogenannten Ventils zuerkennt.

Wie enden diese menschlichen Ventile? Wo? Wer verscharrt sie? Wer heilt sie, die angeblich dazu beitragen, Aggressionen zu ventilieren? Ich sehe sie, ob sie nun als haupt- oder nebenberufliches oder als Amateurventil dargestellt werden, immer nur in Schönheit, Jugend und Eleganz abgebildet, in einem Stadium, wo noch Heiterkeit zu entdecken ist und die Hoffnung, eines Tages ab- oder auszusteigen; im Stadium ungefähr eines Lehrmädchens in einem Warenhaus, dem die Füße noch nicht schmerzen, dessen Rücken noch nicht kaputt ist und das die Enge des Verkaufskäfigs, in dem es sein Leben zubringen wird, noch nicht als ewige Verdammnis wahrgenommen hat.

Die heutige landläufige Pornographie der illustrierten Zeitungen, der Blättchen und sonstigen Publikationen hochtönender Befreier verschweigt die Unterworfenheit dieser Kaste, verschweigt die gleichzeitig ausgeübte Funktion des Sündenbocks, dem man auf-, auf den man ablädt. Wer befreit die Befreierinnen von ihrer Last? Die Antwort auf diese Frage würde natürlich nicht in das permanent propagierte Klischee von Jugend, Schönheit und Eleganz passen, nicht in die Vorstellung vom Sexualwarenhaus, in dem alles hübsch, sauber und heiter zu sein hat.

Es hätte wenig Sinn, sich hier über Geschmacksfragen auszulassen. Hätte ich je die Notwendigkeit oder auch nur den Wunsch gespürt, irgend etwas zu publizieren, das irgendeiner Vorstellung von verbotener Pornographie entsprochen hätte, ich hätte es geschrieben, auch gegen das Gesetz. Jeder Autor bestimmt seine Grenzen selbst, auch die Grenzen seines Geschmacks.

Die Gesetzgebung ist durch zwei Eigenschaften gekennzeichnet, durch Verkennung und Vorenthaltung; Verkennung der Geschlechtlichkeit des Menschen, Vorenthaltung von Freuden, die nur als *verbotene* Freuden katalogisiert werden.

Ich brauche mir nur das Kinoprogramm meiner Lokalzeitungen anzusehen und die Auslagen der Kioske und Buchhandlungen, um die Frage zu stellen: Was kann da noch verboten werden oder verbietbar sein? Wenn der Gesetzgeber – was die Pornosoziologie betrifft – noch Sorgen hat, sollte er sich der krassen Ausbeutung annehmen, der seine Steuerzahlerinnen unterliegen.

Inzwischen nimmt die Euphemisierung, die Literarisierung des Pornologischen hierzulande zu, gleichzeitig steigt die Produktion an Prostituierten. Es treten aber neue Verkennungen, Täuschungen und Selbsttäuschungen auf. Die Vorspiegelung der Industrialisierbarkeit, der totalen Materialisierbarkeit des Geschlechtlichen wird keine Befreiung bringen. Die Ware, die dort angepriesen wird, ist keine, weil sie nicht beliebig produziert werden kann wie Kugelschreiber oder Autos. Es gibt biologische Grenzen, die von den Aufklärern und Befreiern nicht mitgeliefert werden, sowenig, wie die Autoindustrie Parkplätze mitliefert. Dem Aggressionsstau des Autofahrers, der seinen Parkplatz sucht und nicht findet, entspricht eine bestimmte, sich in den Wartezimmern der Psychiater häufende Klientel, die immer typischer wird, nicht mehr nur die frustrierte, einst so züchtige Hausfrau mittleren Alters und ihr Gatte, immer mehr sind es junge Leute zwischen zwanzig und dreißig, die Potenz- beziehungsweise Impotenzkomplexe zum Seelenarzt tragen, weil sie unweigerlich an jene Grenze geraten, wo sie spüren, daß ihr Sexkonsum begrenzt ist. Man hat ihnen vorgespiegelt, sie wären freigelassen, in Wahrheit sind sie nur losgelassen, auf einen sexuellen Leistungsmarkt geschickt, wo ihnen von Bramarbasseuren eine Sexualkapazität vorgetäuscht wird, die immer nur das Privileg der leisure-class, der Müßiggänger gewesen ist. Wer liefert diesen Menschen den Müßiggang mit? Die meisten von ihnen stehen ohnehin unter Leistungsdruck.

Ich frage mich, wo diese neue Form der Frustration enden, welche politischen Folgen sie haben wird. Die politischen Folgen des herkömmlichen Modells kennen wir. Es ist das Modell Hitlers, dessen Sexogramm düster ist; wahrscheinlich das Sexogramm eines Pornomanen, der natürlich, als er an die Macht kam, sofort die Pornographie verbot. Es ist das Sexogramm eines Duckmäusers, der platonisch für Damen aus besseren Kreisen schwärmt und höchst unplatonisch mit seiner Nichte umging, die auf mysteriöse Weise starb. Die politischen Folgen dieses Duckmäusermodells erkennen wir in manchen Stimmen und Physiognomien von Leuten, die nach dem Gesetzgeber schreien, heutzutage wieder. Die Folgen der Pseudobefreiung kennen wir noch nicht. Wir wissen nicht, bei wie vielen Menschen Verklemmungen und Verletzungen entstehen, weil sie innerlich noch nicht frei genug sind, von der angebotenen Freiheit Gebrauch zu machen.

Es ist ja eben nicht das Problem der Legalität und der Legalisierung, es ist nicht das Problem der Autorität allein, es ist das Problem der Gewissensmißbildung, die nicht einfach dadurch geheilt wird, daß die Autorität plötzlich Verbotenes freigibt oder hemdsärmelige Nutznießer plötzlich haufenweise Tabus verletzen, manchmal übrigens mehr, als vorhanden sind. Es würde z. B. nicht sehr vielen helfen, wenn die moralische Autorität Papst plötzlich die Geburtenregelung freigäbe; er gäbe sie für Gewissen frei, die auf diese Freiheit nicht vorbereitet sind, Millionen würden es nicht riskieren, von dieser Freiheit Gebrauch zu machen, sie würden sich verraten vorkommen, wenn ihnen nicht gleichzeitig eine neue Definition der Geschlechtlichkeit des Menschen gegeben würde, und nicht nur eine Definition, eine jahrelange Unterweisung über den zurückgenommenen Irrtum.

Was uns als Autoren interessieren kann, ist nicht die hemdsärmelige Verantwortungslosigkeit kommerzieller Nutznießer, deren Schnödigkeit durchaus der Schnödigkeit der Autorität entspricht, weil sie beide die Gewissensmißbildungen verkennen; was uns interessieren kann, ist die Utopie einer freien und befreiten Gesellschaft, in der das Geschlechtliche keine Ware und keine *verbotene* Freude mehr ist, in der es keine zu Ventilen degradierte menschliche Wesen mehr gibt, die den Ekel ertragen müssen, den mißbildete Gewissen ihnen zumuten.

Vor hundert und einigen Jahren wurden in den Vereinigten Staaten die Neger befreit, freigelassen – wie frei, wie befreit sie nach hundert und einigen Jahren sind, brauche ich Ihnen nicht zu erklären. Die Neger wurden losgelassen in eine Profit-Gesellschaft, auf die sie nicht vorbereitet waren und die sie nicht akzeptierte und die ihnen nicht erlaubte, mitzuprofitieren. Dem Gesetz nach sind sie frei, uneingeschränkt frei; – wie uninteressant für Befreite die Legalität ist, können Sie an der heutigen Lage der Neger feststellen. Das Problem wäre nicht zu lösen, indem man die Neger wieder legal zu Sklaven macht.

Auf unser Problem, die Pornographie bezogen, wäre zu fragen: geraten wir nicht aus der einen Unterworfenheit in die andere, und lassen wir und andere uns nicht dem Konsum, der Ware unterwerfen, die keine ist? Es ist eine verflucht heuchlerische Befreiung, die nur durch die Unterwerfung und Ausbeutung anderer – in diesem Falle der Dirnen – möglich ist. In den sozialistischen Ländern ist, wie Sie wissen, Pornographie so verboten wie Prostitution. Natürlich gibt es beides, Pornographie und auch Schwarzhandel. Sie wissen auch, daß es eine immer mehr sich ausbreitende Untergrundliteratur in diesen Ländern gibt. Mir ist nicht bekannt geworden, daß unter diesen Untergrundpublikationen pornographische Texte sind. Für Autoren, die Befreiung anstreben, scheint das kein primäres Problem zu sein.

Unpassender aus der Lagernation
Über Josef W. Jankers ›Der Umschuler‹
[1971]

Jankers Protokoll ›Der Umschuler‹ ist auf eine unaufdringliche Weise hochaktuell. Fast jeder halbwegs etablierte Deutsche im Barzel- oder Ehmke-Alter (und darüber, versteht sich) hat seine mehr oder weniger bewältigte Umschulungsvergangenheit. In beiden Deutschland spürt man ihn deutlich, den umgeschulten Hitlerjungeneifer ehemals blankäugiger Trommelbuben, die aus allzuviel Unvernunft in allzuviel nackte Vernunft gewendet wurden.

Ich erinnere mich derer, die 1945 siebzehn Jahre alt waren, noch gut und immer noch nicht ohne Angst; sie waren gefährlich wie Haifische; es war lebensgefährlich, ihnen gegenüber Zweifel am Endsieg zu äußern – auch noch im April 1945. Logischerweise waren sie im August 1945 schon mit Erfolg umgeschult, und wiederum beängstigend: Schon waren sie die Billy Grahams der Demokratie, des Sozialismus.

Natürlich, das ist vorausgesetzt, schließt Umschulung Einsicht nicht aus. Natürlich gibt es da noch ganze Scharen ehemaliger PK-Leute im gegenwärtigen deutschen Publikationsgewerbe, die für blankäugige Trommelbübigkeit ein wenig zu alt waren; bei deren Umschulung mag es viel Einsicht gegeben haben, auch viel Augenzwinkern, und es ist gewiß die reinste, die allerreinste Fairneß, daß wechselseitige Kritik etwa der beiden deutschen Fernsehprogramme – nicht geübt wird.

Die eifrigen jungen Leute, die dem Mertens in Jankers ›Umschuler‹ so gern einreden möchten, er möge sich doch endlich als geheilt aus dem Krieg entlassen betrachten, wissen wohl nicht mehr (warum auch?), wer da alles, wenn nicht gerade »Schulter an Schulter«, so doch Schreibtisch an Schreibtisch gekämpft hat. Guckt ein Deutscher zu tief in ein paar Gläser, so kommt es doch heraus: das Unbewußte, das Verdrängte, das »große« Erlebnis, und wenn's auch Mist war, so war es doch »großer« Mist. Natürlich ist den superrationalistischen Technokraten gelegentlich ein wenig Sentimentalität jener Art willkommen, wie man sie auf dem Grund geleerter Gläser findet; Erinnerung jedoch ist ihnen verdächtig, und diese ist es, die der Umschuler Mertens in Jankers Protokoll nicht los wird.

Mertens hat so viele klassifizierbare Eigenschaften: Heimkehrer ist er, »auf halbe Atemkapazität gesetzter« Kriegsversehrter, vormaliger Zimmerer, Betonschaler, Pionierfähnrich, Kriegsgefangener. Es gäbe so viele Stationen, auf denen er, die Hände im Schoß, bramarbasierend ausruhen könnte. Er bezieht eine jener berühmten Renten, von denen man nicht leben und an denen man nicht sterben kann. Als Kriegsversehrter mit halber Atemkapazität ist er nicht mehr als Zimmerer oder Fähnrich verwendbar. »Was hat Mertens den pünktlich zur Bet-Sing-Messe Antretenden (in einer Kriegsversehrten-Siedlung) voraus? Was den prompt zum Mittags-Schoppen einsitzenden Familienvorständen, den Wagenhaltern, Prothesen- und Pneuträgern? Den puritanischen Gestus einer Weigerung, der von dem eingeschworenen Mieter-Kollektiv als künstlich erkannt wird.«

Der Mechanismus der Abweisung muß perfekt funktionieren, wenn Mertens auch nicht in die bereitgestellten Gegenklischees paßt: Weder zum Bohemien noch zum Künstler oder Intellektuellen ließ er sich umschulen, und er paßt ja nicht einmal in jenes Klischee, das sich das Milieu als wenn auch ein wenig welke Rose ins Knopfloch stecken könnte: Arbeiterdichter. Und wenn einer dann, letzte Umschulungsstation, als Platzanweiser im Kino endet, so bringt das dem Milieu nichts ein, nicht einmal Skandale, nur Hohn, der unweigerlich heimgezahlt werden muß.

Mertens wird – das wäre ja auch wieder ein hübsches Klischee – nicht so sehr als der Unangepaßte, er wird als der Unpassende empfunden. Warum ist er nur so unruhig und warum sieht er nicht ein, daß er mit dem Platzanweiserjob jene beliebten zwei Fliegen mit einer Klappe schlägt: Aufbesserung der Rente und »Der Umgang mit wirklichen Menschen wird Ihnen guttun«? Diese wirklichen Menschen, meist Jugendliche, die in der Unwirklichkeit äußerst »männlicher« Filme einen kurzen Rausch erleben, sind offenbar auch nicht der rechte Umgang für diesen verletzten und verletzlichen Menschen.

Mit dem ›Umschuler‹ setzt Janker eine Kriegsliteratur fort, deren geringer Erfolg schwer verständlich ist. Das müßte doch viele Überlebende des Krieges treffen und betreffen, mögen sie auch erfolgreich umgeschult sein zum Beamten, Bankdirektor, General oder Abteilungsleiter: dieser zarte Nihilismus, verletzt und verletzlich, niemals verletzend, dem Veteranengebrüll so auf die Nerven gehen muß wie das Geräusch des eigenhändig gesteuerten Rasenmähers, der in den Gärten eine Ordentlichkeit ausrichtet, die schmerzlich an jene Ordentlichkeit erinnert, von der brave Hausfrauen und Mütter heute noch glauben, man lerne sie nur in Armeen. Was man in Armeen lernt, ist bestenfalls dieser zarte Nihilismus, der in seiner sentimentalen Form immer ein bißchen »unrasiert und fern der Heimat« ist; der den wohletablierten Bankdirektor plötzlich so nachdenklich macht wie den unpassenden Mertens, der sich keine Maske zulegen kann.

Jankers ›Umschuler‹ regt zu vielerlei Meditationen an über die Schnödigkeit, wie sie entlassenen Soldaten in fast allen einschlägigen Märchen begegnet. Es ist nicht sehr weit hergeholt, wenn ich behaupte, daß die Verletztheit und Verletzlichkeit der so gewaltigen und so überaus empfindlichen Bundeswehr mit einer forcierten (und mißglückten) Umschulung zu tun hat. Weltkrieg II fing im Gegensatz zu Weltkrieg I lustlos an, er hatte zwischen Mai 1940 und November 1941 einige hochgebluffte Triumphe (und es regnete Marschallstäbe und Rittergüter) und dämmerte dann bis 1945 in potenzierter Lustlosigkeit dahin. Schaut man genau hin, so kann man diese Lustlosigkeit noch heute auf den Gesichtern der Bundeswehrführungskräfte erkennen, mögen sie auch gelegentlich ihren Schneid forcieren.

Man hat ihnen und sie haben sich eine schlechte Tradition ausgesucht: die Tradition einer total demoralisierten Armee, die einmal Deutsche Wehrmacht hieß; demoralisiert nicht nur im Sinne einer von außen zum Maßstab genommenen Moral, sondern auch nach ihren eigenen Maßstäben. Innerlich zersetzt, äußerlich geschlagen, marschierte sie (wir) als Plenny oder POW stumpf und trotz allen Elends irgendwie »befreit« von der Last, um jeden Preis Geschichte zu machen, in die Lager.

Ich glaube nicht, daß einer das, ob Nazi oder nicht, Trommelbub oder passiv Widerstehender, je aus der Wäsche kriegt. Darüber hinwegzufiedeln ist Täuschung und Selbsttäuschung. Die »Deutsche Nation« ist in Lagern entstanden – in denen, die 1945 befreit und in denen, die 1945 errichtet wurden; und in den Internierungslagern für Emigranten, mögen es auch gelegentlich Hotels gewesen sein. Was soll da das Fahnenschwenken, was sollen Paraden und hochgebluffter Schneid, wo doch auch die Schneidigsten sich hin und wieder nach einer englischen, amerikanischen, französischen Kippe gebückt haben oder nach einem Rest Machorka.

Jankers Mertens ist ein guter Held. Er, der Unpassende, zeigt, wie unpassend das ganze Getue von uns Helden ist, die wir nie viel mehr als ein bißchen »unrasiert und fern der Heimat« sind.

In England, jedenfalls im englischen Krimi, schulen sich Ex-Generalstäbler selbst zu Bankräubern um. Uns Deutschen hängt's schwer in den Gliedern, im Gemüt und den anderen Innereien. Auch dem ›Umschuler‹ natürlich, denn das ist er unverkennbar: ein Deutscher aus der Lagernation.

Dieser Mertens hat noch mehr liebenswürdige Eigenschaften; er ist von einer himmlischen Höflichkeit, er registriert aufmerksam; mit einer Genauigkeit, die sich lieber ein wenig windet als aus der Rolle zu fallen, werden Personen, Situationen, Zitate, Zusammenhänge mitgeteilt und geschaffen. In allen Umschulungsstationen bleibt er höflich, diskret. Feine und feinste Ironie gedeiht in diesem Stil, der sich schon früh bei Janker findet; niemals geht er grob-direkt drauflos. Diese Prosa biedert und bietet sich nicht an, und doch ist sie nicht für »Kenner« geschrieben.

Jankers Mertens ist ein Jedermann für jedermann, der sich lieber zuknöpft als entblößt: weder »strip« noch »trip«, es sei denn, man entschlösse sich, jene Reise so zu bezeichnen, an der jeder Deutsche im Barzel- und Ehmke-Alter (und darüber) teilgenommen, die er verdrängt hat und nur noch als sentimentalen Bodensatz im Glas, nicht mehr als Erinnerung wahrhaben möchte.

Bericht zur Lage der Nation

Über Hildegard Baumgarts Sammelband ›Briefe aus einem anderen Land‹

[1971]

Wie die Geschichte Deutschlands und Europas verlaufen wäre, wenn der materiell arme, ausgeplünderte und verwüstete Sieger Sowjetunion sich anders verhalten hätte; wenn er sich marxistisch verhalten, nicht Sippenhaft und vergröberte Kollektivschuld praktiziert, auch die Junker und die »Junker«, Bürger und »Bürger«, Arbeiter und »Arbeiter« zu überzeugen versucht hätte – das sind leider lauter hypothetische Fragen. Man sollte nicht vergessen, daß Lenin sich 1917 den deutschen Kriegsgefangenen gegenüber anders verhielt und daß im ersten, von den amerikanischen Truppen eroberten deutschen Dorf ein Schild stand: »Careful, You enter Germany«.

Die propagandistischen Ausgangspositionen des reichen und des armen Siegers waren einander gar nicht so unähnlich, und es war auch, materiell jedenfalls, nicht annähernd himmlisch, in einem amerikanischen Kriegsgefangenenlager in Europa oder in einer der Westzonen zu leben. Für die zonale Periode im Nachkriegsdeutschland wäre zu sagen: Der arme Sieger Sowjetunion hat nicht schon in den ersten Jahren, wie andere Sieger, von der deutschen Begabung zu Unterordnung und Gehorsam profitiert. Das kommt erst später, kommt für die DDR erst – wie aus den Briefen ersichtlich ist – Mitte bis Ende der 50er Jahre, tritt voll nach dem Mauerbau auf, oft in Resignation verkleidet. Erst dann profitiert auch die DDR von jener Eigenschaft, die einer der trächtigsten Briefschreiber des Bandes, der ›Kaufmann im roten Sachsen‹ beschreibt. Dieser kluge alte Herr, offenbar Altliberaler und Opfer des Faschismus, schreibt neben vielem anderen auch: »Vergiß bitte nicht: Nicht jeder freut sich über ein Westpaket. Für viele Arrivierte ist das eine schwere moralische Belastung, wenn die Ideologie mit der Schokolade zerfließt. Es gibt wohl kein Volk, das leichter zu regieren ist wie das, welches in Deutschland lebt. Wenigstens in Monarchie und Faschismus war es ein Volk von Hoflieferanten mit dem ängstlichen Wunsch, der Behörde nicht zu mißfallen.« Und: »Es sind viele westdeutsche Besucher da. Was schickt Ihr bloß in das Ausland? Werden sich die Italiener und Österreicher und

Franzosen freuen über dieses Volk, das sich schon bei uns als die Herren, aber nicht wie Herren aufspielt?« Geschrieben, nicht von einem intellektuellen Kritiker deutscher Wohlstandsmentalität, sondern von einem gediegenen, wohl über siebzigjährigen, altliberalen Kaufmann in der DDR, am 9. 8. 63. Weiter: »Ich spreche nun wirklich mit vielen Menschen, auch vernünftigen ›guten Deutschen‹, und komme immer wieder zum gleichen Gesamteindruck: Kaum einer versteht hier noch den Westen, selbst die wenigen noch lebenden Altkonservativen bringen bei bestimmten Schilderungen nur noch ein gequältes Lächeln auf. Die deutsche Bundesrepublik, so hier die Meinung, verlor mit der DDR eine gewinnabwerfende Kolonie ... schlimm ... so viele ungeschickte Sachen von drüben, die hier natürlich stark ausgenützt werden, trüben noch mehr das Bild ...« Geschrieben kurz vor Weihnachten 1963.

Von den vierundzwanzig Stationen und Lebensläufen des Bandes ist der ›Kaufmann im roten Sachsen‹ die zwölfte, eine ausgeprägte und ausgesprochen bürgerliche Stimme, die die zonale Definition fast noch schärfer ablehnt als viele jüngere. Bedenkt man, daß von 115 Briefschreibergruppen diese 24 ausgewählt wurden und nimmt man als selbstverständlich, daß das Motiv der Herausgeberin kein propagandistisches war, daß ihr an Information über Quer- und Durchschnitt gelegen hat, so hat man, wenn man diese 24 Stationen mit ihren Lebensläufen und Nebenlebensläufen durchgelesen hat, den Eindruck, daß der Titel gerechtfertigt ist: ›Briefe aus einem anderen Land‹. Immerhin ist Deutsch noch das Verständigungsmittel, und dieses Deutsch der DDR-Bürger ist deutlich und eindeutig, es wird mit fortschreitender Datierung immer selbstbewußter, verbittet sich jegliche Art von Herablassung und Anbiederung. Stolz zeigt sich, mag er auch gelegentlich bitter sein.

Drei Kapitel, ›Parteikarriere‹, ›Mein Platz ist hier‹ und ›Eine Reise in Gedanken‹ haben Liebesaffären zum Gegenstand. Zwei Affären scheitern an politischen Differenzen, in ›Parteikarriere‹ an einem fürchterlichen Parteichinesisch, in ›Mein Platz ist hier‹ am Stolz der Partnerin, in ›Eine Reise in Gedanken‹ ist der Ausgang noch offen. Eins fiel mir – nicht nur bei der Lektüre dieses Briefbandes – auf: Ist noch nie eine Julia oder ein Romeo in die DDR gezogen, weil sie ihren Romeo oder er seine Julia nicht herausbekam? Es wäre interessant, zu erfahren, ob es das nie gegeben hat, denn schließlich gehen in Märchen, Romanen und Legenden Liebende oft weitere und härtere Wege.

Eine ausgeprägte Gruppe bilden die beiden Kapitel ›Wehrdienstverweigerung‹ und ›Die Kirche im Dorf‹. Abgesehen vom äußerst sympathischen Ton dieser Briefe, in denen die unersetzliche deutsche Pfarrersfrau noch und wieder einmal ihre gesellschaftsbildende Kraft beweist, haben die Briefe aus dieser Gruppe einen überraschenden Informationswert. Immerhin gibt es Wehrdienstverweigerung in der DDR, offensichtlich können die Bausoldaten sich ungestraft weigern, an militärischen Objekten zu arbeiten, und es gibt sogar ein Treffen der Bausoldaten mit ihren Frauen. Auskunft über das Kirchensteuersystem gibt der Pfarrer persönlich: »Wir kassieren etwa 1% vom Jahresbrutto, je nach Kinderzahl und persönlichen Verhältnissen.«

An anderer Stelle schreibt der Pfarrer: »Die LPG ist jedenfalls unsere Lebensgemeinschaft, und nach meinem ehrlichen Urteil eine gute Weise, auf dem Lande zu leben, miteinander. Die Urgemeinde, von der die Apostelgeschichte berichtet, ist für uns eine Illusion, aber eine LPG ist besser als die Schinderei einzelner Leute.« 18. 7. 70. Aus den meisten Briefen gewinnt man als Information über das Persönliche hinaus einen Eindruck in die erstaunlichen Bildungs- und Fortbildungschancen der DDR-Bürger. Fast ein Drittel der Briefpartner und -partnerinnen sind auf irgendeinem zweiten Bildungsweg Ärzte, Ingenieure, Techniker, Lehrer geworden. Was fast alle beklagen, ist der Mangel an Information. Ein unverständlicher Mangel, wenn man bedenkt, daß die DDR-Behörden diesen Briefband nicht zu fürchten brauchen. Die Briefe sind nur dann unerträglich, wenn – wie in ›Parteikarriere‹ oder ›Marxismus Ost – Marxismus West‹ – ein dogmatischer Katechismus abgeschrieben und mitgeteilt wird, ein ödes, steinernes Vokabular, von dem man gerechterweise sagen muß, daß man die westlichen Briefergänzungen nicht kennt, nur die Fragen. Es könnte ein DDR-Verlag auf die Idee kommen, eine Art »Gegenband« zusammenzustellen, wahrscheinlich ein peinliches Dokument.

An diesem Band hier ist nur peinlich, daß ein Briefwechsel letzten Endes doch gegen den Willen des Absenders publiziert wurde; mag auch dieser Absender nichts zu verbergen haben, im Gegenteil, er analysiert genau die westlichen Propagandaklischees im Fall May, schreibt offen über Schießereien an der Grenze, weiß auch, »viele junge Menschen vor allem lassen sich durch Fernsehen, Funk und Film verblenden und versuchen, und ich kenne viele, die es bereut haben, zurückgekehrt sind oder zurückkommen möchten, weil bei Euch auch nicht alles Friede, Freude, Eierkuchen ist und es ganz schön um die Existenz geht.« Würde in der DDR ein Gegenband geplant, so könnte dieser Fall des abgelehnten Einspruchs zum Präzedenzfall werden. Ich fürchte, es ließe sich mühelos ein Band voll westlicher Torheiten in Propagandachinesisch zusammenstellen.

Der Briefpartner »Thomas«, der seine Zustimmung zur Publikation abgelehnt hat, repräsentiert eine ganze Gruppe von Briefpartnern, deren politische Bildung und Einsichten erstaunlich sind: eine Gruppe junger Oberschüler und Akademiker, von denen einer den blinden Antikommunismus so töricht findet wie die Erfahrung der Besetzung der CSSR, die er zufällig miterlebt; er schildert die Rückkehr: »Als an der Grenze unser Auto nach Zeitungen durchsucht wurde (die Stichprobe traf gerade uns) und als unter anderem die ›Prager Volkszeitung‹ und die ›Zeit‹ beschlagnahmt wurden, wußten wir, daß wir wieder zu Hause sind.« Ein anderer: »Man merkt es so oft, daß Westdeutsche hier auftreten wie die Fürsten und die Menschen hier mitleidig oder staunend zur Kenntnis nehmen.« Und: »Die Sache mit eurem Gerstenmaier ist in der Tat böse.« Das politische Niveau bundesrepublikanischer Bundesbürger wird von fast allen beklagt. Natürlich wird da nicht nur über Politik geschrieben und politisch argumentiert. Es wird von einer Oma in einem Dorf in Mecklenburg ziemlich offen, später über sie geschrieben, es werden auch Pfefferkuchenrezepte mitgeteilt, und ›Ein Teenager in Magdeburg‹ ist ein Teenager in Magdeburg, eine kluge und auch schlaue »Fritzi«, die den Alltag der Jugendlichen offen schildert: »Gruppen, die dabei erwischt werden, daß sie nicht das Verhältnis 60% Ostmusik, 40% Westmusik spielen, kriegen Spielverbot.« Und, ebenfalls Fritzi: »Nochmals zu den ›Mitmachern‹. Das sind wohl die meisten hier. Das unbedingt Notwendige wird getan, Eigeninitiative ist nicht vorhanden. Die meisten sind nicht direkt für den Westen. Er stellt nur einen besonderen Reiz dar, etwas ›Unerreichbares‹, ›Tolles‹, wo die Jugendlichen leben können, wie es ihnen paßt, die ganz andere Möglichkeiten in bezug auf Freizeitgestaltung, Kleidung usw. haben. Die meisten wollen wohl mal auf Besuch ’rüber, ohne für immer dort zu bleiben. Denn eine gesicherte Existenz (Arbeitsplatz, Bildung) hat man in der DDR. Fanatisieren kann man die Jugendlichen für den Sozialismus nicht. Jedenfalls die meisten nicht.« »Ich warte schon ganz ungeduldig auf die Ferien. Wir wollen in

Berlin ganz gammelig (nicht etwa schmutzig und kaputt) 'rumrennen. Mit riesengroßem Hut und barfuß, wenn's warm ist. Jedenfalls ganz auffällig.« Eine andere: »Ich finde nur Maxi-Mäntel chic. Darunter aber ein richtiges Mini-Kleid.« Und ein weiteres junges Mädchen nennt zwar die falsche Ziffer für den Preis, den die DDR für die offene Grenze gezahlt hat (180 statt immerhin 80 Milliarden), kennt aber das Problem. Der Ingenieur Erich B. aus Leipzig erklärt sehr ausführlich, daß »viel zu viele große Worte« gemacht werden vom gemeinsamen Vaterland, von Freiheit und Recht auf Einheit. Seine Hoffnung ist das CSSR-Modell (im Brief vom 3. 4. 68). In einem Brief vom 30. 6. 70 schreibt er dann: »Uns geht es wie dem Nilpferd, dem das Wasser bis zum Hals steht, das aber noch das Maul aufreißt. Wenn ich mir unseren Betrieb ansehe und mir dann überlege, daß es nur einer unter vielen ist, bekomme ich das kalte Grausen und möchte am liebsten den Kopf in den Sand stecken.«

Keiner der Briefpartner beklagt den Mangel an Sex, Porno oder anderen Freiheiten. Diese Briefauswahl zeigt, wie auch Carola Stern in ihrem kompetent klugen und engagierten Vorwort andeutet, daß die DDR das »altmodischere« Deutschland ist. Dazu muß gesagt werden, daß das Altmodische manchmal das Fortschrittlichere ist, bedenkt man, daß in der BRD Fortschrittsklischees der westlichen Welt meist dann erst übernommen werden, wenn sie dort schon passé sind.

An dieser Publikation könnte sich manches Vorurteil, auch manches Urteil ändern. Hildegard Baumgart hätte nicht betonen müssen, daß das Buch keine demoskopische Umfrage ersetzen kann. Die Ergebnisse demoskopischer Umfragen und wissenschaftlicher Analysen bedürfen immer der Ergänzung durch andere Wörtlichkeiten. Dieser ›Bericht zur Lage der Nation‹ zeigt deutlich: Nicht nur in der BRD, auch in der DDR ist die Nachkriegszeit vorüber. Der Unsinn und die Sinnlosigkeit gegenseitiger Schablonisierung hätte nie darin liegen dürfen, die Bewohner des einen Landes für kommunistisch oder sozialistisch, die des anderen für demokratisch und kapitalistisch zu halten. Immer hätte die Frage im Hintergrund stehen müssen, eine hypothetische: Was wäre aus wem geworden, wenn er statt da dort aufgewachsen, zur Schule gegangen wäre, einen Beruf erlernt und Karriere gemacht hätte? Wenn man einen Staat systematisch beschimpft, erweckt man auf die Dauer auch bei seinen sehr kritischen und mißtrauischen Bürgern eine – manchmal unerwartete – Loyalität, weniger politisch als geographisch.

Das trifft natürlich auch auf die BRD zu: Plumpe, permanente, undifferenzierte Beschimpfungen erwecken keinerlei Sympathie mit den Beschimpfern.

Das Buch wird manche Illusion zerstören, doch nicht alle Hoffnung. Wenn diese Auswahl aus 4700 Briefen repräsentativ ist, so würde auch eine geheime freie gesamtdeutsche Wahl wahrscheinlich für die CDU/CSU in der DDR schlecht ausgehen, besonders nach dem Parteitag in Düsseldorf, auf dem sie ihr Herrengesicht zeigte, sich von der viertklassigen Kasino-Rhetorik eines Herrn Dregger ganz aufs Herrengleis schieben, ihre Sozialausschüsse in peinlicher Form abfahren ließ, und das im klassischen Land der Arbeitnehmer; ausgerechnet dort ließ sie sich als »Union der festen Hand« sehen und von Herrn Strauß an die Zügel nehmen.

Es mag sein, daß in dem Briefband ›Briefe aus einem anderen Land‹ manche oppositionelle, möglicherweise gar reaktionäre Stimme oder Stimmung in der DDR nicht zu Wort kommt. *Diese* – die Düsseldorfer Töne – mögen ganz gewiß auch die Konservativen in der DDR nicht hören, denn diese Töne sind es, die Worte wie »Wiedervereinigung in Freiheit« für die meisten DDR-Bürger zu hohlen Phrasen machen. Diese Art Herrschaft ist dort nicht erwünscht. Es mag eine Zeit kommen, in der man sich fragen wird, welches Deutschland das »deutschere« ist; wahrscheinlich wird's die DDR sein. Ob in diesem Komparativ Anerkennung oder Tadel verborgen wäre, das wissen die Götter allein.

Suchanzeigen
[1971]

Ich suche ein Mädchen, zehn Jahre alt, wahrscheinlich blaß, dunkelhaarig, mit sehr großen, zur Melancholie neigenden dunklen Augen. Ich habe Grund zu der Annahme, daß sie schön ist. Ich kenne ihr Geburtsdatum, den Geburtsort, die Orte ihrer Kindheit und Jugend: Düren, Heinsberg, wahrscheinlich Palenberg, Aachen. Ich suche das Mädchen in einem bestimmten Jahr, im Jahr 1887. Sie ist unterwegs auf der Landstraße zwischen Düren und Golzheim, ob nach Golzheim gehend oder von Golzheim kommend, weiß ich nicht. Wenn sie nach Golzheim geht, trägt sie eine leere Waschschüssel; wenn sie von Golzheim kommt, trägt sie eine Waschschüssel voll Rübenkraut. Die Entfernung Düren-Golzheim beträgt sieben Kilometer, der Gesamtweg des Mädchens also vierzehn Kilometer. Ich weiß nicht, wie lange ein zehnjähriges Mädchen braucht, um diese Strecke zurückzulegen, auf einer Straße, von der ich nicht weiß, ob sie damals schon baumlos war. Wollen wir ihr mindestens drei, höchstens sechs Stunden zubilligen? Wollen wir ihr ebenfalls zubilligen, daß sie hin und wieder die leere und die volle Schüssel absetzen muß, um ihre Arme zu entlasten? Ich weiß nicht, wieviel Pfund Rübenkraut sie da bei Verwandten oder Bekannten abholte, weiß nicht, ob das Rübenkraut geschenkt oder nur verbilligt war. Drei Stunden? Vier oder Sechs? Acht Pfund, zehn oder sieben? Ich weiß nicht. Ich weiß auch nicht, wieviel Geld bei dieser Aktion gespart wurde. Zehn Pfennige? Dreißig, oder nur sieben? Ich weiß nicht. Das Mädchen ist unterwegs, und ich suche es. Sie heißt Maria und wurde ein paar Jahrzehnte später meine Mutter. Das ist uninteressant, über meine Mutter weiß ich einiges, über das Mädchen weiß ich nichts.

Fünfundachtzig Jahre später fahr ich ziemlich oft durch Golzheim, vor Golzheim schnell, durch Golzheim manchmal schneller als zulässig, hinter Golzheim wieder relativ schnell. Mit dem Auto. Nehmen wir an, ich fahre 100. Ich brauche für die sieben Kilometer drei, vier, höchstens sechs Minuten; es kommt drauf an, wieviel landwirtschaftliche Fahrzeuge gerade unterwegs sind, wie ich sie überholen kann, wie der Gegenverkehr ist. Mehr als sechs Minuten brauche ich keinesfalls. Führe ich die ganze Zeit, die das Mädchen unterwegs ist, mit dem Auto weiter, so wäre ich in drei Stunden ungefähr in Darmstadt, in sechs irgendwo zwischen Augsburg und München, während das Mädchen immer noch unterwegs ist. Und wie oft ging das Mädchen diesen Weg? Einmal? Mehrere Male, jedes Jahr wieder? Wie hießen die Leute, bei denen sie das Rübenkraut holte, um sieben oder dreißig Pfennige zu sparen?

Ich weiß das alles nicht. Sieht das Mädchen fünfundachtzig Jahre später auf dieser selben Landstraße Autos fahren, und in einem dieser Autos einen ihrer Söhne? Sieht sie mich? Ich sehe sie nicht, obwohl ich immer wieder nach ihr Ausschau halte. Ich weiß nichts von ihr, jedenfalls nicht viel. Sie hat eine strenge Mutter, fünf Schwestern, zwei Brüder, einen, gelinde gesagt, leichtsinnigen Vater, der, gelinde gesagt, gern einen trinkt. Was kostet ein Glas Bier, was kostet ein Cognac? Gewiß mehr, als das zehnjährige Mädchen durch den drei- bis sechsstündigen Gang mit der leeren und der vollen Waschschüssel spart. Ich würde so gern mit ihr sprechen, versuchen sie auszufragen, herauszubekommen, was sie sich denkt. Ich kenne von zwei, drei Fotos das bittere, säuerliche Gesicht der Mutter des Mädchens. Ich weiß ein paar Anekdoten über sie. Sie war das klassisch betrogene Mündel des Schauerromans, wurde um Grundstücke, Häuser, nach einer anderen Anekdotenversion um eine Brauerei betrogen. Man sieht dem bitteren Gesicht noch an, daß sie einmal schön war. Das klassische Mündel mit klassischem Gesicht. Katholisch mit stark jansenistischer Einfärbung. Freudlos, puritanisch, kirchgängerisch, verbittert.

Ich würde so gern mit dem Mädchen auf der Landstraße sprechen. Nicht mit meiner Mutter, mit ihr habe ich oft gesprochen, aber nie mit dem zehnjährigen Mädchen. Was denkt sie, was fühlt sie, was weiß sie, was gesteht sie sich ein, was verbirgt sie vor sich und den anderen? Was denkt sie über ihren, gelinde gesagt, leichtsinnigen Vater, der innerhalb von zwei Minuten mehr vertrinkt, als sie bei diesem Drei- oder Sechsstundenmarsch »verdient« oder nur erspart? Fünfundachtzig Jahre später würde ich gerne die Chronologie auseinandernehmen, durcheinanderbringen, um mich mit dem Mädchen zu unterhalten. Ich würde sie mitnehmen, aber vielleicht bleibt sie lieber auf der Landstraße, als zu ihrer bitteren, säuerlichen Mutter zurückzugehen, die sparen, sparen muß, weil da einer ist, der verschwendet? Da gäbs viel zu erzählen über die fünf Schwestern und die beiden Brüder, über den, gelinde gesagt, leichtfertigen, verwöhnten Vater, über die aufrechterhaltene Fassade, über zusammenbrechende Fassaden. Das ist uninteressant, für mich. Ich suche das kleine Mädchen, das viel später meine Mutter sein wird.

Was ich mir denken, was ich mir vorstellen, was ich kombinieren, sogar recherchieren könnte, ist mir langweilig, weil ich weiß, wie's gemacht wird. Gut. Schlecht. Nicht so schlecht. Nicht so gut. Mit einer ziemlichen, mit einer gewissen, mit einer bestimmten Wahrscheinlichkeit zutreffend. Ein bißchen interpoliert, so oder so. Literatur. Die suche ich nicht, ich suche ein zehnjähriges Mädchen, von dem ich nichts weiß. Ich fahre fünfundachtzig Jahre später über dieselbe Landstraße, und ich sehe sie nicht, höre sie nicht, weiß nichts von ihr. Ich kann mir viel vorstellen, fast alles, aber – wie schon gesagt – das interessiert mich nicht. Ich suche ein zehnjähriges Mädchen, blaß, mit dunklen, zur Melancholie neigenden Augen, die überraschenderweise voller Humor sind.

Ich suche nicht ihre Erinnerung, nicht die Erinnerung an sie, ich suche sie selbst.

Ich suche einen wahrscheinlich rothaarigen mageren, sommersprossigen zehnjährigen Jungen, der im Jahre 1880 morgens von der Schwanenkampstraße in Essen aus zur Schule geht. Er heißt Victor und wird viele Jahre später mein Vater sein. Über meinen Vater weiß ich einiges, über diesen zehnjährigen Jungen weiß ich nichts. Ich weiß ein paar Anekdoten, ich kenne einige seiner Erinnerungen und Erinnerungen anderer an ihn, aber ihn selbst kenne ich nicht. Ich würde so gerne die Chronologie zerstören, ihn für ein paar Minuten lebend vor mir haben, bevor seine konventionellen und unkonventionellen Erinnerungen in den Kreislauf der Anekdotenkonvention geraten. Ich möchte seine Tafel oder seine Hefte sehen, seine Brote, sein Taschentuch, möchte sehen, ob er damals schon eine Brille trug. Es ist einiges überliefert, in einigen Variationen verbürgt, es ließe sich viel recherchieren, kombinieren, interpretieren, vorstellen, und mit einer ziemlichen, oder gewissen, oder gar bestimmten Wahrscheinlichkeit ließe sich ein Genrebild erstellen von dem wahrscheinlich rothaarigen mageren Jungen, der da an der Mauer der Kruppschen Fabrik entlang zur Schule geht. Das Milieu ist mir bekannt, Details genug, aber ich will nicht die Erinnerungen des Jungen und nicht die Erinnerungen anderer an ihn, ich will ihn selbst, ihm ins Auge blicken, sein Taschentuch, seine Brote, seine Hefte oder seine Tafel sehen. Der Junge heißt Victor, ist im Jahr 1880 zehn Jahre alt und wird später einmal mein Vater sein.

Ich suche mich selbst, zehnjährig, mit dem Fahrrad zur Schule unterwegs. Nicht meine Erinnerung, nicht, was andere zu erinnern glauben. Meine Frau suche ich, zehnjährig, meine Kinder, Freunde, Geschwister. Ich möchte die verfluchte Chronologie zerstören, die eine 1923, die andere 1935 oder 1917 sehen, auf dem Schulweg, auf der Straße spielend, in der Kirche, im Beichtstuhl. Ich möchte die Beichten all dieser Zehnjährigen mithören; ich kann mir viel vorstellen, fast alles: den einen zehnjährig auf einem Trümmergrundstück 1957, den anderen zehnjährig 1958 auf dem Schulhof eines Gymnasiums, einen anderen 1960 zehnjährig in einem Park. Es wird viel erzählt, viele erinnern sich an vieles, es gibt da Fotos, verschiedene Perspektiven, Interpretationen, Milieudetails, alles vorhanden, Schulzeugnisse, Wehrpässe, Gebetbücher, Kinderzeichnungen, Briefe, sogar Tagebuchblätter; es ließe sich alles verwenden, ergänzen, vorstellen mit ziemlicher, annähernder, mit an Gewißheit grenzender Wahrscheinlichkeit. Ich möchte mehr: Ich möchte das Feuchte in ihren Augen sehen, ihnen die Hand vor den Mund halten, um ihren Atem zu spüren, das Brot sehen, in das die einen, den Apfel, in den die andere beißt, 1930 oder 1935; den Ball in der Hand, die Kreidestriche auf dem Pflaster; die Musterung auf der Waschschüssel, in der Maria das Rübenkraut trug, und die Schuhe des wahrscheinlich rothaarigen zehnjährigen mageren sommersprossigen Jungen, der Victor hieß. Ich will nicht das Unvergängliche, das Gegenwärtige will ich, das vergangen ist. Nicht das Erzählte, nicht einmal das Wahre und schon gar nicht das Ewige. Ich will die Gegenwart der Vergangenen. Einsteigen und aussteigen, wo ich möchte; das Sprungseil vom Leipziger Platz und die Brote, die in der Machabäerstraße auf dem Schulhof gegessen wurden; Kreidestriche auf dem Trottoir der Teutoburgerstraße, Sägemehl auf dem Hof des Hauses an der Schwanenkampstraße; das Bier, das auf dem Pflaster der Pletzergasse verschüttet wurde, im Krug geholt, damit der Alte einmal zu Hause blieb; die Klicker aus der Kreuznacherstraße. Den Apfel, in den ein Mädchen 1940 biß oder den anderen, den ein andres Mädchen 1935 pflückte. Nicht als Andenken, nicht als Anekdotenvehikel, nicht als Vitrinenfetisch, nein, weil es da war, nicht mehr ist und nie mehr sein wird. Ich will das Haar, das vom Haupt gefallen ist.

Schwierigkeiten mit Essenmarken
Über Werner Kochs Roman ›See-Leben I‹
[1972]

Es lebt sich nicht schlecht da unten am See, mit einer klugen Katze, die sprechen, einem Lehrer, mit dem man sich ständig streiten, und dem Bauern Greiff, mit dem man Banalitäten austauschen kann (»Ja, so ist das« und noch ein paarmal »Ja, so ist das«). Wenn man dann auch noch von dieser merkwürdigen Kölner Firma, für die man arbeitet, erlaubt bekommt, dort unten seinen Schreibtisch aufzustellen: was will man mehr? Zumal sich die Gesellschaft um ein paar reizvoll-merkwürdige Zeitgenossen erweitert: Diesen ungeheuerlichen Herrn »Nurmi«, der rückwärts lebt und konsequent bis zu seiner Rückkehr in den Mutterleib mit all den unvermeidlichen Liebesschmerzen immer jünger und jünger wird; mit diesem großartigen Opa da auf dem Weisser Hof, der stumm den Fischen im Aquarium zuschaut, Kommentare und Interviews ablehnt, nicht gerade dem Sarg entsprungen, nur an ihm vorbeigerutscht. Mit diesem Bauern Greiff, der, auf seine Freiheit angesprochen, die einzig mögliche Replik: »Wieso frei?« erteilt und dann mit allen Details die Einschränkungen seiner gepriesenen Freiheit aufzählt und gelassen einige drastische arabische Ratschläge über das Zeugen von Söhnen entgegennimmt. Ein wunderbares Leben, obwohl der See ein bißchen zu kalt ist, um wahrhaft idyllisch zu sein: 18, höchstens 19 Grad. Herrlich, dieses erste See-Leben, obwohl die Sekretärin ein bißchen quengelt und die Katze ihre Amoralität mit animalischer Gelassenheit verteidigt. Sie, deren derzeitiger Mann ihr Urenkel, der Stiefvater seiner Mutter, Neffe, Bruder, Mann, Schwager in einer Person ist. Da wird auch im Hinblick auf die Kölner Firma der Schwindel jener Mitmenschlichkeit erwähnt, wie er so auf den Fluren großer Bürohäuser gepflegt wird, und dieser Mensch, der da so wohlgefällig am See lebt, geschieden, mit einer erwachsenen Tochter, bekennt, daß er nicht fernsieht, zitiert aber doch einen winzigen Seitenhieb auf Höfers Frühschoppen, den er in der ›Süddeutschen Zeitung‹ aufgelesen hat. Wenn dann noch die intelligente Katze sympathisch und klug über die Vorurteile meditiert, die der Mensch gegenüber der Dunkelheit hegt, und man sich vorstellen kann, daß das Bürogebäude der Kölner Firma ganz gewiß gläsern und hell ist, dann wünscht man dem Verfasser noch ein weiteres, kluges, dunkelheitsverliebtes Tier zur Gesellschaft: etwa eine Eule. Und wenn sich dann auch noch erweist, daß Schulaufsätze sogar direkte gesellschaftliche Funktion haben können: daß ein Lehrer, dem man zwei Hasen gestohlen hat, das Thema »Sonntagsbraten« stellt und prompt zwei Schüler mitteilen, sie hätten Hase als Sonntagsbraten gehabt – da ist die Welt doch wieder heil, rund und darf aus voller Brust gepriesen werden, wenn auch der See, an dem man lebt, nicht gerade der See ist, der zum Bade lächelt. Gewiß, da fallen ein paar nachdenkliche Nebenbemerkungen, von »Nurmi« etwa, der sagt, daß er und seine Frau »Mitmenschen zwar, aber Außenseiter« seien; da hat ein junges Mädchen kein Geld, um seine Fahrkarte nach München zu bezahlen, und der fünf-sechs-jährige Sohn des Bauern Greiff ist schwierig und will nichts mit der Schule zu tun haben, weil er behauptet – als Sechsjähriger, welch eine Frechheit! – er wisse schon alles, was er wissen müsse, um den Hof zu übernehmen; ein trotziger, widerborstiger Bengel, dem es nicht im geringsten imponiert, daß er mit Platon verglichen wird, weil diesem ungebildeten und bildungsfeindlichen Lümmel eine der Säulen des Abendlandes nichts weiter ist als ein komisches Wort. Das ist schon alarmierend, wenn auch das See-Leben (jedenfalls das erste!) ungehindert und frohgemut weitergeht. Dann kommt so ein überraschender Satz wie »Ich habe Angst vor der Kölner Firma«, und schon taucht ein Abgesandter dieser Firma auf: jung, kühl, Roth-Händle-Filter rauchend, es kommt zu einer höflichen Unterhaltung, die unversehens zur Auseinandersetzung wird, nicht der Arbeit wegen, mit der man vollkommen zufrieden ist; weswegen denn? Es wird still im See-Büro, »Und Büros dürfen nicht stumm sein, das macht sie verdächtig«.

Man ahnt Schlimmes. Doch so schlimm wird's auch wieder nicht. Es sind da ein paar Verwaltungs-, ein paar formale Details: die Planstelle der Sekretärin, die Schwierigkeiten, Dienstreisen zu verbuchen, weil der Computer in Köln ganz auf Köln als Ausgangs- und Endpunkt von Dienstreisen eingestellt sei. Des Verfassers Verzicht auf jegliche Dienstreisen wird wohlwollend erwogen, aber als fast unlösbar erweist sich ein scheinbar so nebensächliches Problem wie die Essenmarken, von denen dieser naive Mensch da unten an seinem See tatsächlich glaubt, sie kosteten eine Mark und fünfzig, und, indem er sie weder benutze noch verschenke, erspare er doch der Firma täglich diese Summe.

Der Herr mit dem Roth-Händle-Filter weiß das besser: Die Herstellung der Essenmarken sei teurer als das Essen selber, und wenn alle Mitarbeiter der Firma ihre Essenmarken nicht benutzten, so wäre das katastrophal, denn »der ganze Kantinenbetrieb käme durcheinander: die Bedienungen hätten nichts zu tun, der Koch müsse das vorbereitete Essen vernichten, der Pächter erlitte einen unübersehbaren Verlust, das Betriebsklima würde gestört.« Man ist versucht, dem Seelebenmensch die Replik des Bauern Greiff entgegenzuhalten: »Wieso frei?«

Die Idylle will nicht so recht gedeihen, und das Ende will und will nicht happy werden. Der Sohn des Bauern verbockt sich immer mehr, es wird geplant, ihn ins Internat zu stecken; die Katze stirbt, nachdem sie noch ein paar äußerst kluge Sentenzen über die Menschen von sich gegeben hat, und das Unvermeidliche geschieht: der Mensch da unten am See wird nach Köln zitiert. Im Zug trifft er auf einen Metaphysiker, der katholisch ist, die ›Welt‹ liest, CDU wählt, am Telefon seltsame Weisungen bekommen hat. Der Verfasser dazu: »Ich mochte ihn nicht. Und ich mochte seine Geschichte nicht. Er rauchte Zigarren, wählte CDU, war ein Trinker und für den Tod seiner Frau machte er die Metaphysik verantwortlich. Ich war froh, wieder allein zu sein.« Nicht einmal über Köln hat er Freundliches mitzuteilen, dieser Mensch vom See. »Ich verstehe ihre Sprache, nicht aber ihr Gefühl. Man meint allerorten, sie sei fröhlich, in Wahrheit ist sie unzufrieden und steht nicht mehr zu ihrem Wort. Sie lebt und läßt leben, aber sie läßt nur den leben, der sich fügt; sie verpönt den Außenseiter und verleumdet den Einzelgänger. Sie hat tausend Gesichter und keinen Freund.« »Und anderswo über Köln« – man sitzt in der Kneipe, trinkt sein Bier, und der Mann neben einem sagt: die Juden sind bald wieder obenauf. In Köln fühlt sich dieser Mensch auch nicht wohl. Die Sekretärin des Chefs mißfällt ihm in ihrer aufgedonnerten modischen Sex-Aufmachung, und mit diesen abstoßenden Händen, an denen keine kosmetische Kunst etwas ändern kann. Der Chef ist natürlich nett, liberal, menschlich, mit- und zwischenmenschlich. Er findet die Gerüchte über die Verschmutzung des Bodensees übertrieben, und was die Industrie bisher geleistet hat, findet er enorm, während der Verfasser sieben Seiten weiter mitteilt, »Der Bodensee hat im Augenblick nur noch 11 Prozent Sauerstoffgehalt mehr als die Kloake des New Yorker Hafens.«

Dann trifft dieser arme Mensch auch noch auf seine Tochter, die ausgerechnet »was vom Leben haben will«.

Dieses schlanke Buch von Werner Koch ist listig, tückisch, scheinbar mit der sogenannten leichten Hand geschrieben, und hat doch einen merkwürdigen melancholischen Tief- und Schwergang; es ist gewiß spannender als der Autor ahnt, und wenn er als Schlußbemerkung schreibt »›See-Leben II‹ erscheint, wenn sich die Verhältnisse geändert haben«, so kann man nur wünschen, daß sich die Verhältnisse bald ändern; man wüßte doch nur zu gern, wie das schier unlösbare Problem der Essenmarken nun gelöst werden kann und was so alles an Mit- und Zwischenmenschlichkeit inzwischen gediehen ist. Möge ›See-Leben II‹ so heiter, melancholisch, tückisch und listig werden wie ›See-Leben I‹. Und nicht nur das Thema Essenmarken, auch das Thema Köln ist noch lange nicht erschöpft.

Der Lorbeer ist immer noch bitter

Über Stefan Heyms Roman ›Der König David Bericht‹

[1972]

Daß Autoren immer Ärger machen (und haben), ist hinlänglich bekannt. Möchte da einer endlich wissen warum, so sollte er sich den Bericht dieses Ethan, Sohn Hoshajas aus der Stadt Esrah, anschauen.

Man muß sich tatsächlich fragen, was dieser Bursche eigentlich will. Warum kann er nicht Ruhe geben, sich geehrt fühlen, weil ausgerechnet er an des Königs Salomo Hof berufen wird, um die Redaktion des ›König David Berichts‹ zu übernehmen? Zwar geht's ihm ganz gut da in seinem Kaff, er hat Landbesitz, offenbar einen guten Ruf als Stilist und Historiker, ist offen und öffentlich nicht etwa Bi-, sondern Tri-, also fast schon Polygamist. Und nun auch noch die hohe Ehre, an des Königs Hof berufen zu werden! Warum zögert er, sie anzunehmen, schützt Krankheit vor, windet sich in geheuchelter Demut vor dem großen Salomo?

Nun, der voll ausgedruckte Titel des erwünschten Berichts, den man noch Jahrtausende später in einem Buch, Bibel genannt, lesen soll und wird, hat eine beängstigende Länge und einen fürchterlichen moralischen und propagandistischen Anspruch, es ist der »Eine und Einzig Wahre und Autoritative, Historisch Genaue und Amtlich Anerkannte Bericht über den Erstaunlichen Aufstieg, das Gottesfürchtige Leben, sowie die Heroischen Taten und Wunderbaren Leistungen des David ben Jesse, Königs von Juda während Sieben und beider Juda und Israel während Dreiunddreißig Jahren, des Erwählten Gottes und Vaters von König Salomo«.

Und Ethan sollte da nicht etwa vollverantwortlich allein arbeiten, nein, es gibt da eine Königliche Kommission. Ethan hat nur die Redaktion, jedoch kein Stimmrecht. Schamlos stellt er sich mit »Ich, Ethan« vor. Autor des König-David-Berichts, den man getrost als apokryphe Ergänzung dessen bezeichnen kann, was in der Bibel an entsprechender Stelle schon lange zu lesen ist: eine Art Pentagon Papers, gewissenhaft-gewissenlos dem Publikum vorgelegt von jemandem, der auch nicht einen Augenblick lang die Vorstellung zu erwecken versucht, er wäre ein Engel oder auch nur ein Heiliger. Nein, dieser Ethan ist, wenn auch nicht gerade bestechlich, doch auch nicht dem Golde abgeneigt; schließlich ist jede Arbeit ihres Lohnes wert. Daß er gleichzeitig Ärger macht und hat, ergibt sich aus der Tatsache, daß er offenbar das ist, was man einen begabten Hund nennt.

Da gibt es zwar »behördlich zugelassene Erzähler von Geschichten und Legenden«, die sich dauernd in den Staub werfen und kalte Buffets plündern; aber die sind nur gut genug, um hohe Wahrheiten in billiger Form unters Volk zu bringen und zu singen. Was jetzt gesucht wird, ist einer, der schreiben, der Struktur in einen Haufen Material bringen kann, der *für die Ewigkeit* bestimmt ist. Dafür kann man nun wirklich keine käuflichen Kreaturen gebrauchen, denn was hier verlangt wird, muß *Weltniveau* haben. Vor allem, weil ja mit diesem wichtigen Kapitel der Bibel nicht nur 'ne schöne Geschichte erzählt, sondern auch König Salomos nicht ganz so selbstverständliche Legitimität bewiesen werden soll.

So zieht Ethan denn nach Jerusholayim, wo man schon so manchem Schriftgelehrten (sprich: Schriftsteller) den Kopf abgeschlagen hat. Und nun fängt die Arbeit an. Verschiedene, einander meist widersprechende Versionen des »Erstaunlichen Aufstiegs« – was dessen religiöse, militärische, ökonomische, erotische Details betrifft – sollen da zu einem überzeugend lichtvollen, homogenen Dokument ineinandergearbeitet werden. Nur läßt sich das schlecht machen, wenn die meisten Beteiligten nicht einmal homogen hetero waren, und wenn auf den einen Licht fällt, fällt notwendigerweise auf den anderen Schatten, und umgekehrt. Mein Gott, so ein Autor hat's wirklich schwer, wenn er beides, seinen Text und seinen Kopf, retten möchte.

Auch jener Oberkommandierende Benaja ist ein schlimmer Kerl, ein ehrgeiziger General aus der Klasse, die man später die Arbeiterklasse nennen wird: »Mein Vater war ein Leibeigener... Ich aber, sein Sohn, habe zu lesen gelernt, und deine Täfelchen bergen keine Geheimnisse vor mir ... wenn du aufsässige Gedanken hegst oder sie gar hineinschreibst ... werde ich deinen Kopf auf einem hohen Pfahl zur Schau stellen.« Woraufhin Ethan rasch versichert, daß er Familienvater sei und eine bejahende Haltung zum Staat einnehme.

Was soll so ein Autor schließlich machen, wenn da hinten und vorne nichts so recht übereinanderpaßt, und wenn man von ihm nicht Märchen erwartet, sondern etwas so schrecklich Ernstes und Endgültiges wie Geschichte. Alle diese überlebenden Witwen! Da lebt zum Beispiel noch Bath-sheba, die einmal des Uria

Weib war, wie man weiß, und es gibt irgendwo in einem Verlies den ehemaligen Oberkommandierenden Joab, der offen zugibt, Uria sei nicht etwa im Schlachtgetümmel gefallen (denn so sehr drängen auch hohe Offiziere nicht aufs Fallen), sondern er habe, da Urias Kommando keinen sicheren Tod gewährleistet habe, Bogenschützen dorthin geschickt, und Uria sei mit einem Pfeil *im Rücken* gestorben. Verflucht, wohin mit so etwas, wenn man außerdem noch erfährt, daß auch *diese Sache mit Goliath*, gelinde ausgedrückt, nicht ganz unumstritten ist ...

Man möchte aus diesem Buch pausenlos zitieren. Stefan Heym ist durch die Nähte geschlüpft, die der *offizielle* David-Text hat; mit Phantasie, Witz und Frechheit entsteht da etwas, das an die Geschichte Chlodwigs, des Merowingers, erinnert, der ja auch am Anfang eines großen Reiches stand und wohl nicht sehr zimperlich war.

Schließlich – und damit scheint sein Todesurteil gesprochen – wird Ethan Zeuge der Vollzugsmeldung eines Mordes: an Adonia, Salomos Thron-Nebenbuhler; schließlich erfährt er noch, was man sich auf Straßen und Plätzen erzählt: daß der Priester Zadok das beste Opferfleisch auf dem Markt verkaufen läßt und der Kanzler an Gewinnen aus Tempelzwangsarbeit beteiligt ist...

Nein, es ist nicht gut, wenn Autoren wie verrückt hinter etwas her sind, das sie dann gern *Wahrheit* nennen möchten. Wer keinen Ärger macht, wird auch keinen haben. Die abschließende Kommissionssitzung ist logischerweise ein Hochverratsprozeß. Man muß das lesen. Diese Angst vor dem, was zwischen den Zeilen eingeschmuggelt worden sein könnte an »wühlerischen Bemerkungen«. Und Benaja, die Stimme der Armee, der Herr über die Krethi und Plethi: »Wissen ist ein Segen des Herrn, wer aber zuviel weiß, ist wie eine schwärende Krankheit... Darum gestattet mir, daß ich diesen Ethan erschlage, damit sein Wissen mit ihm ins Grab sinkt.« Doch es gibt da ja noch Salomo; bekannt für seine *salomonischen Urteile*, fällt er ein solches über Ethan: »Darum nun soll er zu Tode geschwiegen werden.«

Wer hat hier nun Ärger und wer macht ihn? Ethan zieht geschlagen ab. Das wahre Schlußwort über diesen Fall eines Autors spricht der Torhauptmann: »Weder gehörst du zum Volk noch bist du Gottes. Du zählst nicht zu den Herrschenden, und bei den Beherrschten findet man dich auch nicht.«

Zählt man nur ein paar Namen auf: Biermann, Fühmann, Kunze, Wolf, Schneider, Kunert, Heym, Hermlin – so hat die literarische Wiedervereinigung längst stattgefunden; gäb's nur nicht so viele Torhauptleute, Krethi, Plethi und Kommissionen, nicht diese Zwischen-den-Zeilen-Angst, so müßte selbstverständlich sein, daß Stefan Heyms Bücher auch dort erscheinen dürften, wohin es ihn nicht zufällig verschlagen hat, sondern wohin er nach langer Emigration überzeugt und freiwillig zurückgegangen ist: in seiner Heimat, in der DDR.

Heym hat mit seinem »Bitteren Lorbeer« eines der besten und beständigsten Kriegsbücher geschrieben, spätere Bücher durften dann in der DDR nicht mehr erscheinen. Was nutzen Verträge, Annäherungen, Stabilisierung, Normalisierung, Beteuerungen, wenn ein Autor nicht da erscheinen darf, wo die Sprache gesprochen und gelesen wird, in der er schreibt? Das wird letzten Endes nur noch peinlich und ist eines Staates unwürdig, der international anerkannt werden möchte, aber seine Literatur, die längst international anerkannt ist, selbst nicht anerkennt.

Rede zur Verleihung des Nobelpreises am 10. 12. 1972 in Stockholm

Herr Ministerpräsident, liebe Frau Palme, meine Damen und Herren, anläßlich eines Besuchs in der Bundesrepublik Deutschland hat Seine Majestät, der König von Schweden, einen gelehrten Blick in die Schichten der Vergänglichkeit getan, aus der wir kommen und auf der wir wohnen. Jungfräulich oder gar unschuldig ist dieser Boden nicht, und nie ist er zur Ruhe gekommen. Das begehrte Land am Rhein, von Begehrlichen bewohnt, hat zahlreiche Herrscher gehabt, entsprechend viele Kriege gesehen. Koloniale, nationale, regionale, lokale, konfessionelle, Weltkriege. Pogrome hat es gesehen, Vertreibung, und immer kamen Vertriebene anderswoher und wurden andere anderswohin vertrieben. Und daß man dort deutsch sprach, war zu selbstverständlich, als daß man's nach innen oder außen hätte demonstrieren müssen. Das taten andere, denen das weiche d nicht genügte, die nach einem harten t begehrten. Teutsche.

Gewalt, Zerstörung, Schmerz, Mißverständnisse liegen auf dem Weg, den einer daherkommt, aus den Schichten vergangener Vergänglichkeit in eine vergängliche Gegenwart. Und es schufen Scherben, Geröll und Trümmer, schufen Ost- und Westverschiebungen nicht, was nach so viel, viel zu viel Geschichte zu erwarten gewesen wäre: Gelassenheit; wohl, weil man uns nie ließ; den einen zu westlich, den anderen nicht westlich genug; den einen zu weltlich, den anderen nicht weltlich genug. Immer noch herrscht Mißtrauen unter den Demonstrativ-Teutschen, als wäre die Kombination westlich und deutsch doch nur eine Täuschung der inzwischen unheilig gewordenen Nation. Wo doch gewiß sein müßte: Wenn dieses Land je so etwas wie ein Herz gehabt haben sollte, lag's da, wo der Rhein fließt. Es war ein weiter Weg in die Bundesrepublik Deutschland.

Als Junge hörte auch ich in der Schule den sportlichen Spruch, daß der Krieg der Vater aller Dinge sei; gleichzeitig hörte ich in Schule und Kirche, daß die Friedfertigen, die Sanftmütigen, die Gewaltlosen also, das Land der Verheißung besitzen würden. Bis an sein Lebensende wohl wird einer den mörderischen Widerspruch nicht los, der den einen den Himmel *und* die Erde, den anderen nur den Himmel verheißt, und das in einer Landschaft, in der auch Kirche Herrschaft begehrte, erlangte und ausübte, bis auf den heutigen Tag.

Der Weg hierhin war ein weiter Weg für mich, der ich, wie viele Millionen aus dem Krieg heimkehrte und nicht viel mehr besaß als die Hände in der Tasche, unterschieden von den anderen nur durch die Leidenschaft, schreiben und wieder schreiben zu wollen. Das Schreiben hat mich hierhergebracht. Gestatten Sie mir, die Tatsache, daß ich hier stehe, für nicht so ganz wahr zu halten, wenn ich zurückblicke auf den jungen Mann, der da nach langer Vertreibung und langem Umhergetriebensein in eine vertriebene Heimat zurückkehrte; nicht nur dem Tod, auch der Todessehnsucht entronnen; befreit, überlebend; Frieden – ich bin 1917 geboren – nur ein Wort, weder Gegenstand der Erinnerung noch Zustand; Republik kein Fremdwort, nur zerbrochene Erinnerung. Ich müßte hier sehr vielen danken, ausländischen Autoren, die zu Befreiern wurden, das Befremdende und das Fremde aus der Eingeschlossenheit befreiten, das sich selbst um seiner Materialität willen in die Eigenheit zurückverwies. Der Rest war Eroberung der Sprache in dieser Zurückverweisung an das Material, an diese Hand voll Staub, die vor der Tür zu liegen schien und doch so schwer zu greifen und zu begreifen war. Danken möchte ich auch für viel Ermutigung durch deutsche Freunde und deutsche Kritiker, danken auch für viele Versuche der Entmutigung, denn manches geschieht ohne Krieg, nichts aber, so scheint mir, ohne Widerstand.

Diese siebenundzwanzig Jahre waren ein langer Marsch, nicht nur für den Autor, auch für den Staatsbürger, durch einen dichten Wald von Zeigefingern, die aus der vertrackten Dimension der Eigentlichkeit stammten, innerhalb derer verlorene Kriege zu eigentlich gewonnenen werden. Gar mancher Zeigefinger war scharf geladen und hatte seinen Druckpunkt an und in sich selbst.

Mit Bangen denke ich an meine deutschen Vorgänger hier, die innerhalb dieser verfluchten Dimension Eigentlichkeit keine Deutschen mehr sein sollten. Nelly Sachs, von Selma Lagerlöf gerettet, nur knapp dem Tod entronnen. Thomas Mann, vertrieben und ausgebürgert. Hermann Hesse, aus der Eigentlichkeit ausgewandert, schon lange kein deutscher Staatsbürger mehr, als er hier geehrt wurde. Fünf Jahre vor meiner Geburt, vor sechzig Jahren, stand hier der letzte deutsche Preisträger für

Literatur, der in Deutschland starb, Gerhart Hauptmann. Er hatte seine letzten Lebensjahre in einer Version Deutschland verlebt, in die er wohl trotz einiger Mißverständlichkeiten nicht hineingehörte. Ich bin weder ein Eigentlicher noch eigentlich keiner, ich bin ein Deutscher, mein einzig gültiger Ausweis, den mir niemand auszustellen oder zu verlängern braucht, ist die Sprache, in der ich schreibe. Als solcher, als Deutscher, freue ich mich über die große Ehre. Ich danke der Schwedischen Akademie und dem Land Schweden für diese Ehre, die wohl nicht nur mir gilt, auch der Sprache, in der ich mich ausdrücke und dem Land, dessen Bürger ich bin.

Quellennachweis
Erstveröffentlichungen der Arbeiten in diesem Band

Georg Büchners Gegenwärtigkeit. Rede zum Büchner-Preis vom 21. 10. 1967. In: ›Tintenfisch 1‹, Wagenbach Verlag, Berlin 1968

Vorwort zur ›Krebsstation‹. In: Alexander Solschenizyn, ›Krebsstation‹, Verlag Luchterhand, Neuwied 1968

Weh is' mir. Über Bernard Malamuds Roman ›*Der Fixer*‹. In: ›Der Spiegel‹, Nr. 48/1968

Über die Gegenstände der Kunst. Ansprache zur Preisverleihung des Literaturpreises der Stadt Köln an Jürgen Becker vom 26. 10. 1968 im Gürzenich. Bisher unveröffentlicht.

Über Günter Eichs ›Maulwürfe‹. In: ›Kölner Stadtanzeiger‹, Nr. 250 vom 26. 10. 1968

Dostojewski und Petersburg. Aus der Sendereihe ›Der Dichter und seine Stadt‹. In: WDR-Fernsehen, 1969

Die verhaftete Welt. Über Alexander Solschenizyns Roman ›Erster Kreis der Hölle‹. In: ›Merkur‹, Nr. 5/1969

Wilde Poesie der Flüche. Über Sean O'Caseys Autobiographie. In: ›Sean O'Casey‹. Eine Auswahl aus den Stücken, der Autobiographie, den Erzählungen und den Essays, Diogenes Verlag, Zürich 1970

Ein Satz aus der Geschichte: Der Ort war zufällig. In: ›11 Autoren über ein Jahrzehnt‹, Literarisches Colloquium, Berlin 1969

Was ist angemessen? In: Südwestfunk, Sendung zu Silvester 1969

Leiden, Zorn und Ruhe. Über Alexander Solschenizyns Erzählungsband ›Im Interesse der Sache‹. In: ›Der Spiegel‹, Nr. 14 vom 30. 3. 1970

Annäherungsversuch. Nachwort zu Tolstois Roman ›Krieg und Frieden‹, Verlag List, München 1970

Die Moskauer Schuhputzer. Ernst Bloch zum 85. Geburtstag. In: *Engel der Geschichte:* Ernst Bloch zum 85. Geburtstag. Hrsg. Hap Grieshaber, Claassen Verlag, Hamburg und Düsseldorf, 1970

Wer Augen hat zu sehen, sehe! Vorwort zu ›UDSSR – Der Sowjetstaat und seine Menschen‹, Belser Verlag, Stuttgart 1970

Hülchrather Straße Nr. 7. Heinrich Böll über seine Straße. Text zum Fotofilm von Toni Richter und Bernd Schauer für das Bayrische Fernsehen. In: ›Köln‹, Vierteljahresschrift für die Freunde der Stadt, Hrsg. Verkehrsamt der Stadt Köln, Heft III, 1972

Die Heuchelei der Befreier. Vortrag zur Pornographie-Diskussion auf der Nürnberger Tagung des PEN-Zentrums der Bundesrepublik. In: ›Süddeutsche Zeitung‹ vom 24./25. 4. 1971

Unpassender aus der Lagernation. Über Josef W. Jankers ›Der Umschuler‹. In: ›Der Spiegel‹ vom 12. 7. 1971

Bericht zur Lage der Nation. Über Hildegard Baumgarts Sammelband ›Briefe aus einem anderen Land‹. In: Süddeutsche Zeitung‹, Nr. 152 vom 26./27. 6. 1971

Suchanzeigen. In: ›Jemand der schreibt‹. Hrsg. Rudolf de le Roi, Hanser Verlag, München 1972

Schwierigkeiten mit Essenmarken. Über Werner Kochs Roman ›See-Leben I‹. In: ›Nationalzeitung‹, Zürich vom 2. 12. 1972

Der Lorbeer ist immer noch bitter. Über Stefan Heyms ›Der König David Bericht‹. In: ›Der Spiegel‹, Nr. 39 vom 18. 9. 1972

Rede zur Verleihung des Nobelpreises am 10. 12. 1972 in Stockholm